James Ada

Introduction

Welcome to the Ultimate Rugby Football Players Word Search!

All the word searches in this book are about wonderful, exciting, inspiring game of rugby. Not only does it have lots of searches for all the current players and stars, but also the legends of past teams and generations. This collection has searches for all the top rugby playing nations' players, their greatest ever heroes, their top-scorers, for players with the most caps and so much more!

Grab yourself a pencil now and prepare for the greatest rugby word search collection anywhere! Challenge your friends and family to see who can become the true rugby word search champion!

Enjoy this book and I wish you the very best of luck. Let's get started right now!

James

England I

```
S V R C I U Y S N E S U K F V J K G E O
L S T X Y Q C K B V N T A X D S S K Z O
H T P U O R Y G A O W K Y T W C N H O W
G I X M G L E G U E O K K W H O U R O G
K M B T K O P Q O V R K K P Z E S R N Y
X Z V F V P S R D G B O E N B V H L R L
Y G D J M O W G C S B T N A O C J X R Y
U T N B F G V X H K T N U O A O E N C Q
A S V E L T N P H N S T V A H K U R B M
Y D X Q B E V Q G M Y Y Y S V A M U Q Z
S A K S X O Z G U T H Y P H V N Y B Q H
J P P S O C K J K T D M G T V A Y P V A
W E P U S N R B T B X U V O K S G E X R
T V T Z H P S O R S R V F N I I N H R T
E O W U D I E G C S T W D E M G Q Y A L
X C X R O B B Z E W O A Z Z N A G I C E
A R V G T H Y A B O P N V U E M S E A Y
K D B D H Z N B W U R R U G C N I F R T
W J Y Z V Z S P L X I G G I S B S Q E Z
V H R N I N E W E L S L E D A L Y F L F
```

Curry	Ashton	Ewels	Brown	George
Care	Hartley	Cokanasiga	Hepburn	Daly

England II

```
A V H M X T R W K W F Y B T R L W R P I
C C B D Y M W F F T N O W O F I C Z R S
S Q C M C B P Z N Q D U M Y Q R S V X V
B F I C C N O L Q L B N B E X H W N P Z
T F O X O I H F E O C G N J T I I B P I
X S P R H E N Y W X P S M O V B L A Q B
Y X J I D Q Q P U I N N V T N Y S C G W
Y N E L Q R T U K E Z N F I F K Q P N V
I Z F X W A X P L N B Q N M W P N K V S
E I J I G K S W L D M P T E A Z B R I N
V P E N Y S H J E S R G W P R S M U F A
R W W A J E E O R G S F P B P T F I O F
D M D Y Q W B Q R Q G B E K D U E S D S
S P N W N A H P A R K U V A I I H E G G
D N H K M L W U F G E D T N I L H D E U
R Z I E U B G B E L D T I F S A Y W H W
R M L X J Q N N L B C H R N R G U M M H
W R L N C Q V F R K Q O V X C I O P P Y
T L W A N W O O A P L X C M P E F Y X F
Y M S V N V S A E H M E R C E R F Z Z Y
```

Hill	Earle	Itoje	Kruis	Lawes
Mercer	Farrell	Ford	Tuilagi	Youngs

England III

```
D C R Y C A P T T F P J S I N C K L E R
I E O F W I W R Q I U K V N B A E N A M
R B Z P A V X F P R W F M V I Y W W M D
Y K Q K N R V N E R X X U Q F Y O M L K
B P T W N T L O G V V Y D J Q K M R Z W
N R A C T Q E I U R H C R B U L G F D I
J L S F M H E O E N F O I S G Y E N L L
W B B K D G Y L P O Z B W S I B Q X T L
V H F O G Q G J S Q H I I R M L W S M I
F T P D H K R B Q G Q M J Y F L A R F A
B R Q W D Z J C U I W M Z X Q I A I A M
I O M M U Z M M E R C E R Z F H O D N S
F W U Z S M J C I X X E D S S R J L N T
O S L O Z O W S K I A Q U F T E L U A V
I E R V H G F U L T I D B M O D U A G J
S L X I B U Z M L D Z U M L O N S B R J
F G A Q D C N A U N N J U M K U C M O Y
H G B V J D T N A A O U D G E A P U M V
S I O X W T P F T O O C Q E H H C N Q T
V W W X U Y P I I O M F Q D B E E K V R
```

Mercer	Moon	Morgan	Teo	Wigglesworth
Lozowski	Sinckler	Stooke	Underhill	Williams

New Zealand I

```
D X Z E A R O T G J O U X K K H F X H N
U H T A Y L O R M E P P H T W T P X N O
E M X F Q Z V D M K B A R R E T T A O V
O O L S V D L U O H A A Y K K X Z G V O
L O B S A J U H A U D V V Q S N Y G W M
Z D R K R L N C O H S F C Q T L B M G B
S Y R F I B J S Q I W V D J F Q D D W A
I F M M B P D E X M D C Y K W P T E S E
N T T S R Z Q T L X C S M V D T L J V J
Y U H A J J A J F G X O U X X U A F K K
X U E B B G F Y D N Q O L J B I U R Q H
G N A K S D Y Q D Z Y T O E M N L E B R
F G B W I G J O Z W U W L H S U A T I E
S A B D R J J I V D L R M P Q K L A B D
O F O Z R E P B K Z S V U A Q U A L M F
G A Z Y A R G L P S B B R R W A F L I K
Z S A F H F X C B X Z M Q J S F G I F V
D I R G R Q X W C T K F A L W E K C J N
Q X Z S Z A M B M G G R P L E M D K Y R
A I X P K I F R A N K S P P U J S A T Q
```

Coles	Harris	Taylor	Franks	Laulala
Moody	Tuinukuafe	Tuungafasi	Barrett	Retallick

New Zealand II

```
V B H J H C C Q R C Y E L Z A R J G N U
D S S M Z W Y L C T Q L Y N D W I M P A
L A I J I B K V H R E P A E C H L K R C
Z V L E L S I O L T O D D N O I E X F Y
F E S F I Q P T I Y S T O K M T B M W T
Z A V M I U U U P D M Q M M O E W V C S
N R C G L J Q U D H I O W O W L C P C Q
H G E L A O C Y T R T I F W Q O P Z D U
T L T N P T Y P E I H C R R H C Z T E I
E S U P A L C U C Q M R V R P K R U M R
K T I R P J Y O E Z Q L B H M D W A Z E
D N P D O D D H B H R A C O U A F R T Y
G T U F L Y J G B N V P X E P E I A H N
N T L C M E C R P B W H S D Y R F N P J
U Z O V E W C T D Z X Q P P P U I E X W
S J T S N Z S A P N Q V U Y C Z T R T R
K U U R K Z X F Q T P F R G G B A E C X
M G D A Q Q G Z N O U A Q P V E L P V I
G G C X Z B O Y J A R Q H B S Z U B L N
O B E U E E F Z P F F Q M W S R T N S R
```

Tuipulotu	Whitelock	Fifita	Papalii	Read
Savea	Squire	Todd	Perenara	Smith

New Zealand III

```
L A E E K G F U P L Z H A P L W N I M A
Y M P U Y G O O D H U E L Q R Q J X R F
A O I R V J K B K F B N I Z B P G R T F
H U G M Q P O L E A D G E M C P W U V Y
T N I Y O C X L U N K Z N C N F P M Q X
S G A S U B W O C V Y A E R R W L E A L
A A B T O T S X J E V B R O U T X H M B
G Q R U Z D H A G Z G R T T K C G B R X
B A B X A Z N V D X X K B T M B M T Z B
V K Z Q Q M R R M U Z X R Y M W D Y G G
O H L N O C T C P H O X O G C I R U X W
K C W T W E S S D K Z U W S K L I F R I
G U X Z Z V X I D G N I N U E L M T P I
Z Z A I P B A H V F F Z T E N I A H E W
I O A N E A E T X D Y P O Q Z A F F B K
H J D G A B S I L J U G S B I M B X Z Z
U E A Y T H O M H S H J F L E S F W I R
Q W T J B Q O S Y P R B A R R E T T P U
S C Z H U T H L P L H V C F S Y T K E A
S C H X Z Y V Q O K X W D K Q C W U S F
```

Barrett	McKenzie	Mounga	Crotty	Goodhue
Williams	Ioane	Naholo	Smith	LienertBrown

8

Ireland I

```
Z N P M C G R A T H T D J X D Z F S V U
Z K X C D Y J U S C P B E G J Y E R P U
H U W W O C H R P K L T Z O N K P A Z W
R O Y E R B A E T I Q L G O X A I S E G
M Q W V B P P C S L N H M Y U R O N P I
J S I T R F C W X C S J W L E E K F I K
I C W S B X M H S O A C Y U Y T O U R U
F O A M P X R Z S Y S H A I G R A R G B
R U Q I X H Y E E N P A C N G O O L T P
H E B M G O Q E N E U Z Q Z N P W O E B
M M M W T Y N G E M R M W E W E A N H K
K X V L H D A S J R E V M Y R H L G Y K
D U U D F E Y S J B H Z T L U R J L L T
B C A P N R R S T K E Y B A R R Z Z W J
Q B O Z R Q J R W N A S A E F A O D Q K
L X P G O M S G I A G L T H X M F O A Z
O T L F W Q G X N N R T W U J F F Z E X
S J O C R O N I N J G L M Z D O M Z O E
U U S U M Y B Z H D I X Z L R F F Y A H
R O L T F U F I K E K B E A L H A M P G
```

Best	Cronin	Herring	Scannell	Bealham
Furlong	Healy	Kilcoyne	McGrath	Porter

Ireland II

```
R T E Y C R T V Z P M T K Y W Q H A N Q
M V S I S A V H K E R P O U G A U Z B Q
L B B G F P E E O E G Y R Y A N R B P G
P U O S L Q Y D M A R I H K G F G Y K C
T P U U T R O M I L H T O N E R E B A S
X S K U S L D V D C O I B V J X H A J N
B N S W A D Q T O D N I H I X N G O G T
E O H P Q V F L H Q Q G F Y W E Q S K X
Z S M S B Q R H L R X S P H E I J T T M
Z W T A H N E N E B V Z Q Y N R K N Y W
E Y C P H U Z I X N X A Z W R B P I U S
K N S A T O B V U D D Y J M I O S B K U
M J J E T W N K O E U E Q R E M P U J A
O U Q Y P Z M Y R P S U R X B J E Q F G
I C R J G I B E U M P C M S M U H T K W
X N E P K F C S L L P D P T O Q S D K O
G Q A N H D K V B L V X J X C N G S V R
J N P L T Y J X W P W J S J S P U U X G
W G Q M W S U V S Z E C B I K L E A V Y
X N B F L B L D Y N S E N P D Q L F C S
```

Ryan	Beirne	Henderson	Roux	Ryan
Toner	Leavy	Murphy	OBrien	OMahony

Ireland III

```
T O C I T O V H N Q K W O W A O U Q I P
L G K D A N W I X R C O O N E Y R P A Q
F I Z X F E N G U R N V V X X L V I R P
C F H L R X T Z W A B U G E M B L A Q I
A F P V F F Z C L Z M E O G R U P P F N
M H P Y O M C G R A T H G Z Q D Y N S A
N E K S U N V F L B O Z Z X H W F P S N
S Y O O B C V T Z T Y R F Z E S J I M O
U A M R W T A P O K P R G B N K R H J C
L G H E F N F X N C Y X N L S W C O E O
Y K Z L Z U V Q U O Y H Y E H U W R V T
B X P G T Z S F X D R N J P A A B K U I
C I F Y Q U T A T D R O K S W R J R N P
B X Y R K M A Y A U E T M S Z A Y Q B T
K D W E F I N L R R B X A C I C T A F X
B X Q G R M D N H E R E R C D L L H C F
Y Q N C K S E G I J A S M I F P E J J Q
U T K P R M R H I L C W I G Y H E L H I
N R L E U U C X T P N G O I M O B A L B
R X N U Z Q N D W A R X N M X V R K G F
```

| Ruddock | Conan | Stander | Cooney | Marmion |
| McGrath | Byrne | Carberry | Sexton | Henshaw |

Scotland I

```
Z W L L H U F D U C L H A Y B U A G Q L
U I F E I A D R O U O U U X R R L U C F
R D J B I L B R S Y N Q B U L H Y H T H
J O B W F L K N L F A I U C F V K S U Y
R S B G K L W N G K L M G W I U W K E L
N J E V L E H S L B L E Z S D Y F F V L
S F R B T D S S Z X A H K Y M V G B H A
J N G Q R R P C O F L V Y Y U N A C T N
X E H P Z O X T O P X G U S L G R N T I
N J A Y R P W Z Z V W Q Z U L H U Y O C
E Y N U M C F N X B G C H Z A N S W X M
U Z V T D L G P E A Y J Y A C J Z P R Z
A C D C P C I P V B X T G Z C L I N O Y
Q O I P X H J J G E D Z H T M N X Q E X
B N E X C N E L I Q F W V V Y B K W Q R
D P R Z O F I T T U R N E R V M N J E E
P S K L E O F E F O H J U F W D S F H U
R Q Y R X R L A M S W D C T D Q C O A S
L M B J P D L B O X T J W B I Y A T J V
A X F O E G D D P M Z Z T D V I T G K E
```

Brown	Ford	McInally	Turner	Allan
Berghan	Dell	McCallum	Nel	Reid

Scotland II

```
U H V A F L V O R N Y F B T W H S W C D
L Y O J X O T S H S T L E Q W E O L W K
W Z E P L V A O U O Q T Z D T K H P Y U
L C G C J M Y R D W W F Z P D K J T F Y
H X I C P B R A D B U R Y W A X O Z P Q
N F L I X B E E N S C Y J E W P E I Q W
K X C V S D Y P C K S G M M Z S P U J H
U Q H J S K P Z W I D R L G O C A U F D
D G R G H P Y Y O N E Y X M J U P F B K
S C I E Q L D J V N N A B L W M C Z T K
G K S C C Q J R H E T R L G C M I B L T
H S T F S A N Q V R O G P K C I R R K V
N S W I H F W W K N N Q X L X N W V Y L
O W M U O V J M T U Q U E D R G Y L H J
S Y A T T Q I F Y Q T N H H A S D C R K
R G H Y G D U C L I O Y S V K H A K R G
E W A H B F B X O T O U A O E I H X N Z
G B R N M J Q Y U E L I O N O X J H L D
A E G C D I E M J B I N V Y W T A G P M
F W O K F G J K B G S R P X Z N E Q K N
```

Cummings	Gilchrist	Gray	Skinner	Toolis
Ashe	Bradbury	Denton	Fagerson	Graham

Scotland III

```
F I R W E J Q R B Z C R I U N H M Y M U
C I X L X R S N M S H O J K B Z W K P X
W B R P T F A L M K W M J D Q M E R T G
D M B Y G A T I A X F N O Z I O H C S U
W B F D G L Y Y G L J L N R Z M W O W L
I Q K C Q J W W J V O C E L W B V E E L
M H O M C Y E I E E K V S S E K X K I O
F M F S E J O P K F H B M Z W A R V R I
J H B T G C M P R R Q U C X W S F B L P
V M T O R D K T C A L J N N G U Y H E E
X L C P A N D M P Z F F L I G Q Z W I V
E Y M R X A Z R D C M F E B I M Q Y X K
G K O A E L P A U U A X Z F T F C M H S
A Q Y B N T P R S S R Y V U T Y T K C O
H T O N R I M Q P L S D M N O G O L A P
U A Q U O A C P W O Z E L T C X I V Q R
M Y R D H M Z S U W J R L N S Z H N F O
E G F R R V D Y Y P J P I L C U U J Q O
B V D W I C P N H A S T I N G S F S K Z
C Q R G U S I U D H V T F I F E M P Z C
```

Hastings	Russell	Weir	Dunbar	Harris
Horne	Scott	Fife	Jones	Maitland

Wales I

```
C V X O A C V U O M Q N A V V W L A V T
W C E Z E F D W H S P W H A P E I C Q L
V T F A L W E E I P F B R O W N H L M N
U Y S V E U L R E J L E W I S K V L P B
I W G N V E I W D O T U S M I T H H I W
A X H D A I A U D N L D J U Z A F Y E Y
D B V N N Y S H V E Z U M O W M R D Z A
V F S J S H P P R S J C X L I W A S K I
G P C K A W I B E R C B D T F K N D S C
Z T P U H D M N U B S K Q B P H C R I I
W S V S P V K Z T O C Q R S H K I I T A
S E N G G F T K H W P E U P T H S U W R
F E T V H M S W P E T N K I R B N Y J M
W V S S N I J I S N X X U N D A K I J F
S B J F Q R I G L S W I Z N P I O R C C
Y Z A O C Z K F F D K M G O W I M Z O Y
C N K E E K T V X T J I V Y J H S B Z U
K A U U C L C X L T H T A F A U C P L S
G E Q K B E Q J X O J J W E E F O Y H X
N F V V Y E J D G A V M B X M Z D P C G
```

Dee	Elias	Owens	Brown	Evans
Francis	Jones	Lee	Lewis	Smith

Wales II

```
P I X P H T I P U R I C U N G O M T M Y
C G I A Q T W K E B L N Y O M B L W C K
H E T B H M C M Q S Z Q K I V B N A Z Z
I V D T Z I J M O R I A R T Y N X I I Z
G J M O T C L O Z E P Q B A W A N N R G
P H C Y J G U L N T Z G W L J V Y W M M
O J I Q W P N I W E U E E W I S R Q C
X O H L P Z Z D V T S F E T F D H I V M
V W S Y B M X G R H U K C A B I I G H H
Q Y S R T Z M O K I A F S D M Y Q H Q E
Q H B K Z P T E Y L X O W Z X V Z T V M
R Q I E G A K N X X A P P T I N B J D W
U K C I A Y D N F T Q F W Z L K R Z M T
Q U O U G R T U R N B U L L Q E L H L U
V N L Q C P D F I X F J Y K D E C T S B
Y O I N K B V J O C V T G V R F P H E A
T M Y H V W Y H I U S B B S C N A O I L
U O S D I H O N Q N P O Y N R R W X V L
I W J U J P C P L N B V Q I N F V C A F
Q U J Y J O I V N K F C M X P V D P D Q
```

Ball	Beard	Davies	Hill	Jones
Moriarty	Navidi	Tipuric	Turnbull	Wainwright

16

Wales III

```
X P S L B E E V X A M C N G O A X H S C
L B P M D V C E X J G A E O N N K Q K K
C V O Y O U N G B Q U F W U R Y C Q X T
S E T E F R C I Z X L Y F L K T D H A G
D Z N U T Y T S I X G D W C O L H E L E
N B W K H R G G A G D S X J L D A D W O
D M Y G B A I E Q X O Q M L G M N I B C
H J D I M G P B V J N V S Y M A J H H T
D G G S S G Y J W A K L D P W N T F L R
T Z T D U I X H X I N K R W I X Y Q O F
C M Z Z T B F I L B L S Y S L N Y K F B
X A K N T Q E H V N Z F N E L I N Q K H
J P F E W I H Q D Z V T K I I K N K H L
X X J C B Q V J W Y Q R M V A T E Y B O
J U E O T Y H G Z K B I H A M A P F K K
O O S N O F V G U V W H A D S W F B K R
J S N I O R W W J Z D X D T I M L F B R
D T A M T H J Y I K H U R U E J A Y P V
T W V U E E B S D A M O S Z C K H Y A S
I I E S T F N O L V K F V Z E H I T Y Q
```

Young	Davies	Biggar	Evans	Watkin
Williams	Evans	Amos	North	Halfpenny

Australia I

```
R X N V T U P O U G I L J G T K R I F E
L L Z C Y P U N B Z P V S E H A Z L V S
O D U N W C F I U X W O F B L I Y L D J
C K R W G N Y J C X Y C M W G R S P O C
Z I S I J G E F T T R I Z A Q Y H N R U
O I V X K Z I O X X N U K R I S W A O X
A L A T U T X W D N K I G W V V Q O B V
Y V B C V H B S R P D E V R K P F T K K
Q B S H O R J Y O B T H P N P D X A I Q
O C X H U L Q Q D O T F F U Y E X L M E
Q F L H J B E Q D L I Z T E K M K A H O
U I M V G D Y M A Y G C M G W P U A J I
W I P S F J W O A W H Q O C J S E L G S
Q N R N I K E Y Z N V A X S V E I A X U
W H L Q A M Y G X Q A C I T W Y Q S R L
J P K W L P M Y X B W Q A N J Q A F F V
T R B I W O Z O J E U T M Z S B G W W Q
B O J X I C A P N S V F H Q N L K L N X
S M F N U S A H V S B P N W W J E B E X
M R E K U U N Q U P C M O P P Z R Y F Z
```

Latu	Ainsley	Alaalatoa	Kepu	Sio
Tupou	Coleman	Rodda	Simmons	Dempsey

Australia II

```
P Y D O K L L T B G O T H R D L T P I M
E Z O T M T C L I S G F C B R V B Y S H
N G D F Z F L C G A H O Y S P F Z E G C
L T U Z A R S A T M I E R A X A E P N D
I H X Y O N S T P U M F U D J N I U Q S
D P H I P P S A S A C R L N O G I L S P
P B L V D G V A L E T I N I F N U Z V R
O W F D M O O Z H T C B T O V E R W V A
N R R B F J B P N X J M R J T Y J J W D
C U W P K F J R A A L D U E P B P M R I
U J X B W E Q J I X D I Y U Q N N M B K
R Y P Y L J C Q N Y O D V E M A R T H F
C C H O N Q R X E F S M Y Q H I D Z T W
Y U N C G K K L G G O E F R A S C L L E
Q T A I U C X K W V F L V I N A K X W H
C O G H B R W C W M G C E E F R T X Y O
K M I U N P T O M T B M P Y E A Y C S O
H Z N P J H L C N X U T A P T N W S Q P
X I A T C B W O H V B N S B S I W T C E
H Z H H Q S Q P D H N W W W M K K W Z R
```

Hanigan	Hooper	Naisarani	Pocock	Samu
Valetini	Genia	Gordon	Phipps	Foley

Australia III

```
R F O J G H W B G T P Y G P W A X D K H
R X O R B H C P D T O K Y G H G H S G J
T A R L E L V H Y T O E B J G H A T Y M
N V Q A A F V I C R T O S N D U Y B D J
T G X Y C U K H V D X P M I B F L G O I
A K W Z V Y X M A J K O M U O W E L M U
W V L O G J Y O B Q S M P J A T T I K P
X Z G L G A D G K C G M D E Z A T A M K
F L H Z N M D A Q Z B A N K S I P H S W
H D G J A Y Y U G D U T S C E F E B R D
B A P H H Q S U K I C S U O M B T U K L
G G E H X F X N B O E K L U C E T K I D
L E H Q O T F U T G R C A E W A Y C V C
L E V U U G A U J Z M O V Q Q L X L Z S
U U N T E J O O G U M D I X A E K Q B B
V N C M M U A F V B R D A B Z W O E D C
A P B R R Y G R F H A N V E Y L F Z L
U R A E F T S C F X E M M D Y T Z L C V
A A H T I B K E R E V I O J A C E D M A
B K K V S Q F P E T A I A J S L U M L Z
```

Toomua	Beale	Kerevi	Koroibete	Maddocks
Naivalu	Petaia	Banks	Folau	HaylettPetty

South Africa I

```
L C A N E N L A U V N W P S G D Y I W Y
X V P I Z W T S H K C F D H O P O Y V T
A I S U R N W J P S M U I F Y U J Y E F
L X H P H P Q L E Z U M F P F F D Y N U
V Y E M A H O P D B F D G I L J H K A W
B R E R L P Z X D V L E N C V W W I K H
G R N R L K O U F T S O D O L N I T A O
F D I Q L O M J T O C Q L Q L P B S Y N
C C W T K C V A X J A F Q Z X Q X H N D
I G C F S H H K R W D Q U E S H W O Y R
S O V B J O A A V X D Q X A S D Z F V M
Z B Y Q Y E T Z E B E T H L S F U F V A
P S V H Q O E G Z Z E G B U O N G S R L
O R F Z Z P P L M A L L D N T M R P U H
P J C Y A N O V M L A P B Q R X Q I A E
D I N M B O N A M B I F Q M E W Q A A R
G M R G M S F E W P N I C F T Z A U S B
O M R B G B B Y U F R V U C S Y E E W E
U I X N E A D S O X O O I C O W Y S P H
B R K I L B R D L O G N D U M T G M T D
```

Brits	Marx	Mbonambi	Kitshoff	Koch
Louw	Malherbe	Nyakane	Etzebeth	Mostert

South Africa II

```
N O E I D L M U S Z P N L L K H S G Q G
D A H N R K W M U Q O K L B S C T K I T
D K W A H Y S A Z X N Q M O Y F H D B F
P U P L W Z N W M V E Y O K U W Q F L T
Q P X J E G Y M Y K A Z G I V W B M F I
M F Y M Y L M I H X I T Z G C Y X R T P
A W N K H J A I A O L M P O L L A R D Q
M F N S E S N S T W W G Z W O U G P J V
F W K K U R K E I B D L B W W Y P R I Y
U E S C Z E H I R W H Q R I D W R Z H E
Y I G R E D C J C H S D B E W R Q U Q L
Z Z V R Y U M T W K J Y S C U B X X A E
N A S F A E L N C R J H T W E P N E N T
K O K P N R Z A H E K C C Y F F Q X Q I
O R T G Y H P J R I W N Y V O M C U J H
L B E S X C X L G P H W W T I S W Q B W
I M V H H S C W Q A P G Z R N B A T W N
S B D M G E Z R X P T N Y V C O O X E H
I J V B I K X U T K V E R M E U L E N P
V I Y A I Z H F Q M I B Y E N C Q M U G
```

Snyman	Kolisi	Louw	Notshe	Vermeulen
Whiteley	Papier	Schreuder	Jantjies	Pollard

South Africa III

```
Q Z D S M O H G J V G S N P U B C Z J W
D R V P X J K V Y U R M E V A T L Z H Z
N Y B Z J Z W L Z R Y Z L O S B K L C B
O Z A S K L W J A E Y J H Q U P O O L B
W Y L N O I S P Z X S W E W Y K N A D A
I R T C T F F T M M E T I M Z D L Q J P
X F E C Q Y S Q H L W D E A L L E N D E
A Z I G L Y I G B I S Y K R B B I T Y T
C R U G O A E Z V J T H E T H C R J X E
T M B Q F A V Z D G W D B J O U K V W R
O N L U P G V M I G J E B S M U I M C S
Y Y V S N S E K J E R G D P A P Q Z F E
O O F S L A P L O N E X X D W V V W A E N
Z B N R D W I L L E M S E H E I Q O M N
I I F E K E D I Z L J Z X X L E J N I K
D A T B P F U O R U G U F P T U P K U O
J S K L S J K M J K Q Q X O H G K O O M
T Q O O X J Q I X R M A X W M G I S B B
K B L K A W U X O G S Y N Q I P G I X M
L T B N E L B J O L P F L A K N E O T M
```

Willemse	deAllende	Esterhuizen	Kriel	Nel
Dyantyi	Kolbe	Nkosi	Petersen	Aplon

23

France I

```
N Z Q J N S R Z T A W O M J J Y T J G Q
P M C D Q V W E Y D L P X Y M Y L S U X
R V X O V B Y V Y O Y J G E A R Y A I D
I R J F R B L N M W E O A D R A P Q R J
S T J F N F K T A Q L B V T C I B N A L
O A X V G X E V B A A E Y L H R O Z D P
O I I V I L B C U G G D O L A R U O O M
L J G Y M W R M W A F L H H N U R I R T
W D M W Z Z M L E W U Z M R D T G R O D
W Z X J W R Q O B Y J G W V N I A E I J
O A O Q U J N L M A H G A R A W R H N M
I D Z P Y X R M W E M E A Y P X I G O T
L H I P M M R Y P Y V B K W B X T E T W
O S U N P M P X G E A J A K T S W D A F
G K H P F R R A A W C F J Q L H I L Q G
M I I S K Q I T N F L A R V Z E O A C B
Q L L A M B E Y S C F U S I W X I H V T
Q W Z A P N Z A R F C F X J D X O E M H
Z O I V E T P U Z G K H G J T N A J B Z
A H I M D M P X G V X P O I R O T K R K
```

Bourgarit	Guirado	Marchand	Aldegheri	Atonio
Bamba	Poirot	Priso	Iturria	Lambey

France II

```
Q P O M L C G Y C P Z R I X B Y S D B B
E Q M F Q F Z X S F J U D L A U L D Y L
U U X I Q G T C J I F E P A S M V M J X
L E V J F U T S Z I Z L T U T H P V S S
G S P Z K E J S N V U I R R E N J M T E
B M I B P Z L L P B V P T E R C K Z T R
B E C Q A P C V G K E C T T E S K E I I
A L A H R G O J V O N I K E A P J P R N
X L M H R D M C O F L W D C U E J O D B
X I O L A C G I I O P N J S D R P L L P
L W L N J J S I B L I T K H A W Y K L G
O A E T M E S X M G Y X V N X K Z F A A
E H S A V H D W B T S H W I M G F J T A
M S V M A R O C A A X A N W Y J S H P J
O S X A D D K U Y I S X B U B B G Y J J
U P K C G J Q P H T E R Q M H N F K E N
K H A K N S J J T Y H U B E Y X D T U P
Z H D U P O N T Y O M R P K T O J S X N
O M O Z L Q N E M I S C M L O X Q V Q H
E B S G E J O N F O F L G Q W Z U W H N
```

Willemse	Alldritt	Lauret	Picamoles	Dupont
Parra	Serin	Lopez	Ntamack	Bastereaud

France III

```
E C U X Q D B R N N J V L E R O U X K S
M H W I X G Z S X P K B J C K E Q M S E
O F P P O F Y Y J S T D M E D A R D N R
F Z B R L B U F S T C A F C G E D T S I
E H H K P U C Q D V T F I F Y A U G H M
O E N Q Y W A Q F O M W C X O O O I Y T
H M X Q C L M R N D J Y K W E W R R H E
U Z G F H V A V L G L L O Z E Y Y A B R
X I Y W X G R F B H F R U O V U A W C U
C I H Y D O A L E K P W G B E L M K Y A
P Z W T V H F P I Q N T T O A U U O H L
V G F O H L H I E O B C E G O J O J Y T
Q I W R N A N T O N J X G G C H D E X G
V A L K A C R L I F A V U G Z L V I C P
F V O W Z D S C Q D I U H Q N F Z A K U
L O X M D L E K D A J C D L E V S W Z U
B A F C Y M V N I L V N L V S R O G G T
Q W W A T L Q L G O H A L O H I M A R F
D C C E N F U S D F K F X U R T A M J I
A T D S N A P I Y Q X Y Q E L F R A Y M
```

Fickou	Fofana	Penaud	Huget	Medard
Ramos	Doumayrou	Camara	Lauret	LeRoux

England Legends

```
V B N B H Y B Y S I S V F V V Y V P Y S
Y S F M Z A I E I I P F D X R A Q B O X
T Z Z T W F B F X P L U U Y C O L Z K G
N I N H R E A B V L S B W F B B K I D V
P O M N G U S C O T T I U J K A R C A B
A G R W U P W Z B D H A F P W A K Q L L
W H E E L E R S I O N H Z G H Z Z O L W
V A N W G J T D G O S B H W M Q W U A I
Q K O R M K B R U W N V S E W N K N G L
I C S L P C S A Y N N C O A N O P D L K
O D N H W A F H W E Y Z Q N O S P E I I
Q Z I U P B W C C E G G C G S W N R O N
E P B P V Q Q I O R E K Y E N A O W T S
P D O V W V M R T G C N G Z H D J O S O
C X R Q G S F W T B M O M H O S X O A N
L E W S E Y U H O W U I N M J L S D H A
T K E N Z Q G D N L S C L E O N A R D G
D U R N Z D L S E M R K F D S K J O Y O
U E O C E V B V E P C T S T T P B J B T
E C E A C N H W G Q J I S H A W V D T S
```

Leonard	Wheeler	Cotton	Johnson	Shaw
Dallaglio	Back	Richards	Dawson	Wilkinson
Robinson	Greenwood	Guscott	Underwood	Lewsey

Scotland Legends

```
D W W F R N G R U P T G N G Z E R W W M
J V H M G N I J W S Y X N D E Q U K P G
T Y D E E Q H V P S T A N G E R N T D L
Y S E I G M A N W V U N R I F I O E M I
V R O O S P S O Y E O D K Y F Q E A N Q
Z H B W S W J O O C T Y J B P Z S N J A
N F F S Z G X D L Y L I D B U P G U S R
Z X O K H I R L E E E T M J D K N C Q M
I V U C K T S A M A H P U E D J I B M S
L Q V I X E E U Y M N V R F P I T N K T
V F W W R L V P J I B S R F I L S L L R
E K K N J F Y L U S D V A R G V A W J O
N R W E G E O M S H N C Y E F C H P T N
R N Q R O R O H Q V E Z Y Y N P R X U G
T A K D U R C K V G S X Y I K U Z H O K
A E H C B U A P G L N H E A S E O G S L
Y U Q M O W L M M Q W F V Y N V U G R I
C I V L H R D F F N O P A T E R S O N B
E P B Q A I E R D W T I D D C O P H J Z
M D Q H T K R K B C N U W E I R A N E S
```

Hogg	Stanger	Renwick	Hastings	Paterson
Townsend	Armstrong	Sole	Deans	Murray
Weir	Gray	Jeffrey	Calder	Telfer

Ireland Legends

```
I V Z S Q C V X U Z I O A O B H A C S T
I Z T F Q W B M M D R X K C X T K O K P
A C R Z Z S N G T Q D A E O F Y D R Q U
W T S C E Q X H Y R H K A N K T G L Z W
W I Q G B Q S L A H I O R N K B Y N L E
Q W Q U G V E F Z H C B N E G B Y A N O
M L J H D K R B X A K R E L K U N G Y L
S N R O W F E A N F I I Y L B O Q R F Q
E T J W E T V N H T E E E S P U H O E H
P S O J O Z B J C T D N G H W Q E H R D
I C U L Y I G K X K B X Y R Y P A N R J
L B D B L F I X Q D O O E V J O L Q I H
S E H X L M G I L D G Q F W R W Y K S A
A J D F E P Z Y B F A R Z S E Y O P C Y
E P A L K T D D W U R Q R T H G D O C E
H F R E O S S B H I A U D N U I Y M D S
P J C I G B A H U S A X Q X W R Y J N G
A P Y W R V Q O U W L V K X S N O G F R
O D R I S C O L L M M U R R A Y E C Y T
F H U Z P Q F K Q H U V B B M C O M N B
```

Healy	Wood	Hayes	OKelly	OConnell
Ferris	OBrien	Heaslip	Murray	OGara
Hickie	DArcy	ODriscoll	Horgan	Kearney

Wales Legends

```
K H A W Y E Y L P R I C E D L I P N G B
F S Q P S F T L L U C U Q N E R M L J E
N M J Z C L U B O E R X C T K P V H R V
K A Z P H X Y U R D R B J K S L Q R G B
D I L J O N E S W W K Y T Q T Y M C F X
M L J O P D I M I A E O V U O T S B J B
S L G O Z K B W L R M E I M J B W O U V
Y I V R N F A R L D M J X Q W U I R D Q
N W X P A E Y C I S D Q U A S G L S V X
N B W R L W S L A Q S T E A I Y L T B X
D Y B R S K C X M V E C U R V R I L B L
H G C H A Z B Q S I I B X M R S A K M O
N K R T M Q A B B E V C D M A M M W Q V
E X C I O J C H N O A O L J H A S G N W
T V S D H T G F K W D C S R C I Z D H F
T X U E T F D M T X K D P E L L F A O P
K J W R J E N K I N S I A Q F L P V J Y
A U V E E T K J K I V X G R V I T I H H
H R A M N Y Y R E L R M U O D W K E R N
X P J D L F Q A O G I W A B Z J C S G R
```

JWilliams	GDavies	BWilliams	LJones	SWilliams
John	Edwards	Jenkins	Meredith	Price
Thomas	Charvis	RWilliams	Davies	IJones

Australia Legends

```
P R H J J Y M D T F K N U F Y Z K V S T
J Z G R U H O R A N E A L E S J G R W Z
U C D T S V C V P W A X J D Y Q A H W M
F L R I F I L C O M M Y I C G K A J Q L
E Q U K P F O P U I C D Y I R L J A E K
K N B P J O L F M N N K Y D O Y B B P K
P Z E A X N G A C R I R E K F D L W J M
D Z D L H K F R C B M J Q N F M A T R Z
R J G J R N H R A U B N E Q Z X X L C Z
J N T D X R Y J L R P V B J U I O M Y L
J Y P C I Z C O L K K U H N Z L E N Z H
P W Z A C P U N Y E T C C V U Y C O Y S
D G T F F G F E B R H H P U X G A S G N
H E R B E R T S V H O O A G Y O M L L R
H K I A K P P A N X X X N U Z N P I L A
P O I D E V I N J H N S T W O Q E W S E
U V G H U R A W A V B C F Q R U S I V K
K D W S A J L S Q F J G I T X J E N S I
L N Q I W B O R W W E E L L A D C J L Z
N D U J V D J B M N Z Y B G D U G G A
```

Daly	Kearns	McKenzie	McCall	Eales
Poidevin	Wilson	Kefu	FarrJones	Ella
Campese	Horan	Herbert	Roff	Burke

New Zealand Legends

```
I K F B L W G Z H J X B K L N H M Y O J
U J Z X R U K B T K I R K P A T R I C K
J P L K E C W B T H U K Y M W W U B A H
M X T C H R M I N J D A E T I G H X S
C W X I R U S E L D X B V A S L H M J N
S P D L A M Y I S Q C R X D P S Y K L R
Q O X L C O O P C U G O W S X O Z L G A
Z X P A V L D C V Z B O Q P C N B N D Z
G Y X T M N W R J Q H K U N F F X W K S
X Z B E A N V C E S B E M C V I N O N H
U G J R W N R X L G N K W V Y S Z R Z A
M E J A O A B P K R M B G O I N G B E H
R M O I O Q U D M P X U N X E N T M K C
X Y L M D V N Y O Q Y N F Z X C Q W B O
K R G Z C L O V Q L O C T R H E L E R C
S D I O O C N O I J C E N K C U L L E N
R O H P C R A Y G V Y V U G S U P K I V
T E T O K O A W P U V C O L E S S K F L
F L E A T L M K N D Y A B Z G H W A J F
L H F C P O H T V E W P N L R H V V E K
```

Cullen	Wilson	Bunce	MaaNonu	Lomu
Carter	Going	Brooke	McCaw	Kirkpatrick
Meads	Retallick	Brown	Coles	Woodcock

South Africa Legends

```
V Z E V N C Z R Q N B H G C L M C K R H
D L U I V D W M T Z B S D D J R D T N T
I K C Y C B R B O T H A E O B A Q I X C
W Y E D D F E T S Y O E V E M N N M N V
Z G X W R B V Z U K E D I Y Y D Z S E O
B A J L G R O V U E Y A L U O T H T Z C
J P F S C Z R U D V Q O L R Y E T F I I
P S Q P W W N X U W U P I L N Y X N U M
N G N C R N E Y P W H J E H F K X H H A
E B R C A Y P T L G D S R W B D F B T N
S U X J U H S T E Y N E S P U N B K S A
R R T J K Y V V Y S G N I H B O Y E F E B
E G P G S A V R S L S P E X H G Y P W A
T E J H K R F O I H K S G T O Z W D F H
E R Y R R S L N S M O N T G O M E R Y H
I Z A C X W C H I J S G M K H O L J I L
P A Y R S M L A I M N M M A T F I E L D
J K F X Y D V S B W O F I Z B F S F X W
I S T R I W S I J Y Y Q C T R Y J T D P
H F O U R I E X V T O J F Z H C A F D Y
```

Randt	Smit	duPlessis	Matfield	Botha
Smith	Burger	Spies	Westhuizen	Steyn
Habana	deVilliers	Fourie	Pietersen	Montgomery

France Legends

```
X N T L P R Y O R M Z M Q G B O U S D W
J T Q D D T J C S T C L H T O B G C Y X
X T H F E L C A D L E I Y A N G E A Q S
C J P R Z P C J X A L R U L N A S R L Z
Y I X J E R Y W X U L Q Q V A L J C A T
W H H J X S G Q J M I P O Q I T X B M E
M X P U S A V H V B A V D C R H D F L I
E A E Q V I L T Y W R P R I E I A N H K
N L R B Z N W Z R S T K O Q A E N T I W
G E T C L T V Y I K X L N S D J J A D P
I U M O O A N I U Z T M I E T B D K U J
D G N D C N N E X B D I R C K T H T O F
E F P J D D N C X T E C A E L E H Z L Z
W S E N O R C E O I M H H N N L K P L Y
T W L I M E M B T B K A K W W L N Q I T
E L O G I M C G A A Y L I A D A G M M H
E D U P N J N W D N H A X L J N N M G F
T A S X I Z Y G G E H K V L N E C D B W
R H Y X C B W J R Z C T N E E H X Q V G
A C Q C I L Y K M A G N E S Q G M D N Q
```

Milloud	Ibanez	Marconnet	Pelous	Nallet
Bonnaire	Magne	Harinordoquy	Galthie	Michalak
SaintAndre	Sella	Traille	Dominici	Blanco

34

Lions Legends

```
V V J C M G C R O D R I S C O L L D Y B
O I U G C T L F C C I W Q U X N G N D E
O Y G T D Y W V L J K K L V V B D V M A
T B M Q W A V C S M F O G Q U C T G E F
L G Q C L I V B O Z H I L L J R I D D L
I R Z S L Z C I H T R U T T O O B W I I
X Y F J D A F W E J T U F S H R J J R K
K F E M Q O U I D S Z O V D N E S R B T
Y C I B I N M C U S K R N R Y I M Z C G
M K R Q A U Y D H B G W Y A R L A K M J
W L S P Q S S L G L F D L W E L I O A U
V N W W I Q K P L Q A J N D T Y L K R E
P K S H X T M I G O N N T E T D L X C E
K H E M I R E V O I O J W C A O I T V N
P V H X I E Q B Q W S S I L L O W T U O
K L N F M H D A J X N L O J S W M F O S
I I C E A K H E Q U H M J W P H Y F U B
E K X Q U B T K B H O K M D A V I E S I
R L O B E J M T Y U J R O R M P N S T G
T A R E P H M Y H E Q B X O F H E O J B
```

McLauchlan	Wood	Cotton	Johnson	McBride
Hill	Slattery	MDavies	Edwards	John
OReilly	Gibson	ODriscoll	GDavies	Williams

England World Cup Winners Team 2003

```
S N V Q O S C U I F S U J G A L G L H V
Y R A K B X R I F G Y L O K X Y R C B V
E W C H M D T X E B I B H H A W E O B O
S E I J M N B H X Q R U N I Q Y E H C I
W G E L Y Y T U O B R Z S P O F N E G L
E B Y C K Y J Z R M O H O E J Q W N O G
L W A B N I V E P O P R N O R O O C Q A
A M Q C F O N Q F M Z S O A S O O F P L
F R V D K V Q S W R F W O B W Y D K I L
O S C U J K C K O Y U O R N I H H Z L A
Q R D U V K N J M N R O R S E N U O L D
K Z J J W K R M U G H D U O R U S M A G
X Y W K I J S E H V U M C N Y S E O D C
F R G S N Y L U N W W A A C V M C Z N F
A E F Z W V Y J H C W N R A A J H S I N
I K R E F A R Z K N N X S M N K L Q T A
S C Z Q H I L L V Z J B J I L G C Q R W
N I D D K F R W R K F W K Y N M Y S C K
T V D A W S O N W W L K I W X S L X M F
A X M Z U T C L E K P Q E Y Y B W J H H
```

Lewsey	Robinson	Tindall	Greenwood	Cohen
Wilkinson	Dawson	Dallaglio	Back	Hill
Kay	Johnson	Vickery	Thompson	Woodman

New Zealand World Cup Winners Team 2015

```
Z M K A Q R N O N U S L T O B Y U E U N
A D X L C W K D O U X O Y I I G W F O P
Z Z Q B K A A A Y E H V Q R P M R X I R
J M R B E U I D K X S D E U I V C U Q M
R I J D M H N U Q S M V R H I G Y N U C
O L V G X B O H F Z S P E T H M R D M B
T N C P D I H T R G M C T W W C K O B J
W E K X T U S I A D H C R Z C O C M X N
W R Q D V J S M N L K A A R J L O O X L
N S B F A Z W S K I T N C S Z E L O Q A
P K L Z J Y H I S H Q R V F I S E D M U
F U Y I X J A I D B B T S H G S T Y D C
O D A F A B P Q S K Y W M O R R I Z Q V
J D E X D J W E S G Q W I R Y I H P L B
J E V C S E N M W O P O T K U C W W P P
N R A Y M N I C T A W Y H D Y H T A I B
J Y S E I J H R W X G Y F S I I C C E X
C U R E T A L L I C K O L B J E M C J H
H J I D H G U X K N Q Q J Y F U R M L M
C E I T I H R V L S P K W C P O D Z S R
```

Smith	MilnerSkudder	Smith	Nonu	Savea
Carter	Smith	Richie	McCaw	Kaino
Whitelock	Retallick	Franks	Coles	Moody

England Top Point Scorers

```
J B M L V U L S W H W B C G C S A W A T
B H G W E O R I Y O J C X A Y N N W D R
R R Z Y N R S V Q S O X C O F V D A U L
O X X Y J U H A R E D U O N A J R R M Z
M F M L A W I L K I N S O N R O E Z B Y
E A K M O F A A S O Z R T A R A W Y M X
V T W O X X V C F U A P X C E J M E P C
H B C H I H L X H R W K D N L C M G D S
I G O S G L T L K E A F V B L Y L V V E
H B Q F N Q K C F H H L D N E X Y F A B
U R H H O W N W P I W O W Y L U X R G A
Y W X J S R Y I V Q E O R T N A E A U M
X P R C G Y D E R T B D C X O G M Z Q X
Q A Y J D K H C W T B Z U G S V J Q F V
Y R T M O D F I T A M Q U J Y D Z B P H
S I K O H R U V G B W L Q N A A Q E W O
P Z T U P B R S B C U N D E R W O O D C
K T O J J I Y E C A M H N B G X X L N T
W D C H R R G E M S D B E J K N F M S U
C M P W K J Q F D F Z X R B N H V X K N
```

Wilkinson	Farrell	Grayson	Andrew	Flood
Webb	Hodgson	Hare	Ford	Underwood

Scotland Top Point Scorers

```
K R P P T D G D S W N W Q D B D F B B N
N W W I X C K B R N D O D S R S X B T W
Z H P D R B W Z W L X C F V C E T O N B
D P P M H K T J D U Y F V C X P W P A Z
A Z Z Q Y U N Z H T M Q N L H J E H C B
Y X W P A R K S I Y F F I T Q F G J N G
Z Z K M E P K K V U C G E Y G E K Q P O
W G Y V D N E Q T W Y I N H B M W N N O
B P T O W N S E N D N L W J E H C F L C
I U K B H A S T I N G S L I B S T P I H
U S N N K V M V W I T S D A C W J R M A
A T M A P H O Z C J U N Y A I T D Z X L
U B F G K A L U F U T H E Q M D J L R M
U M Y O X Z T M K N R C N P M J L D V E
C E E L D R S E N L M O I E D O X A V R
L U L Y R P I R R D L Z V L W Z L L W S
C K W E C Z T I C S H E R Q G W W I D Y
K H X N O Q S N K H O G I E D D F B C M
Y F M A U G E B V Y E N A Z O C E X G I
L H R L P M H N A Y Y M G O U L B W A O
```

Paterson	Hastings	Laidlaw	Irvine	Parks
Logan	Dods	Chalmers	Townsend	Laney

Ireland Top Point Scorers

```
W F S J T O K J W X E D H O X L G H B Y
T O W N S H E M S O S I Z N Q L D K B Q
P I M T T L N K Y S M W C O P X G O E T
A Y E P Z H Y I E U Z I T T V M T O I U
U P Q T Z B Z E R H L Z C X R E K G H J
T X V Q Z Z Y R H Y K R T E O S I A F T
T C H Q N R L N P E E U N S D J E R I Y
W I Z J O W V A M P K U N E R R R A D I
P B V N T Q X N U P D J Q Y I D N J A Y
H P C T F W S Y H K V Z T I S E A A E C
H I O B E Q N L E T I O H D C I N C C Y
C B T B P O Z R J P R C D J O L Z K B C
L E D R J W F E L H Z G O V L L F S V I
R W G S R B K A L S G L B S L E B O W E
J N H E B O E H F W L U V M P B C N U G
K F Z I W E R D S V O B I H G P K J J M
O A F E S H W F Z O L O F D N M E V G N
E K Y F E F H N S U G L D V J A Y N Q H
U A P O S B W B G K Q R V R L C H T E X
H E V Y N N M P X E W C T B V V L N A G
```

OGara	Sexton	Humphreys	MKiernan	Elwood
ODriscoll	Campbell	Jackson	TKiernan	Bowe

Wales Top Point Scorers

```
I H P S N D R N F V E X U R B N G R D Z
E H C X Z N G L U G D V C Z A W Y Z A A
H Y J C H K Q H H T H V V B L G K N X L
J P I Z L R G I K H E R P S I B Y Z C Q
L P S E Y R F X W O G O S H D A A V G E
J L R F A X S G H M O T O L B I H F S K
X E T D E V Z H B A J J R G N I J W L X
U J Z P B B F G A S C X I J D N G N S I
V T D L K F F D G L W J V H M H M G M O
J Q F N H S Z E X H F F C G F H F W A I
Z S O S I S R B P P G P I G T L F I I R
C E B B V N Z U A D O E E Y P Q L Y L T
S N S Z F I K I C F A O J N U A O U L O
F O W K T K D D A S E T K R N Y V U I X
S J C K K N C Y B N N G H Q W Y D D W A
M N A K R E I A C A N H C O D A D Q C N
M U G V Q J A D E Q D Q L V M W H G D O
G A Q P T H O R B U R N O I Z A X X H R
H O O K K F D H G Z M B K A B S S M F T
M E P A Z O I L M B G E Q B V N J Y V H
```

Jenkins	Jones	Halfpenny	Hook	Biggar
Thorburn	Williams	AThomas	GThomas	North

Lions Top Point Scorers

```
W I L K I N S O N T M J C T L Z L N E V
O U F W Z R P I Y Q C C A N P H M Y J V
E J V R D X G L G E R J E Z L V J I E B
W F O D W G J X T G W B K P L P E I N A
T B A H O K A H P Q H N Y Q E T G R K N
I E X L N A X A D H Z L O S R R P H I J
C N N A I J N S T E O R Q A R D U T N Z
D N T I M O C T Y X Y M W U A H L P S Q
E E N R Y E S I Y V S C M N F I D Z C V
W T O B Z T M N G W W J P Q O W X S G D
T T S B V E O G Z Q V R Z N E W Q C K M
T X L J K F O S M Y Y S X M X D O D S B
K F I U G M V R I Z N H V S D V Y K M B
I B W Y Y T X S T R N U T H X P Z O R K
E F P Z U R F E O T E J W Q U U Q L G K
R T K D A H N N B Q P A C O V B O Z G Z
N P S V F H P O U C F Q V F X L J W X W
A U A I O P F J S U L F B L X Z H S O I
N K I U N F E S Q C A X T D S B U F F U
J X W N E C N B W T H X J C U H F D M Z
```

Wilkinson	Hastings	SJones	Halfpenny	Bennett
Jenkins	TKiernan	Farrell	Wilson	John

England I

```
S V R C I U Y S N E S U K F V J K G E O
L S T X Y Q C K B V N T A X D S S K Z O
H T P U O R Y G A O W K Y T W C N H O W
G I X M G L E G U E O K K W H O U R O G
K M B T K O P Q O V R K K P Z E S R N Y
X Z V F V P S R D G B O E N B V H L R L
Y G D J M O W G C S B T N A O C J X R Y
U T N B F G V X H K T N U O A O E N C Q
A S V E L T N P H N S T V A H K U R B M
Y D X Q B E V Q G M Y Y Y S V A M U Q Z
S A K S X O Z G U T H Y P H V N Y B Q H
J P P S O C K J K T D M G T V A Y P V A
W E P U S N R B T B X U V O K S G E X R
T V T Z H P S O R S R V F N I I N H R T
E O W U D I E G C S T W D E M G Q Y A L
X C X R O B B Z E W O A Z Z N A G I C E
A R V G T H Y A B O P N V U E M S E A Y
K D B D H Z N B W U R R U G C N I F R T
W J Y Z V Z S P L X I G G I S B S Q E Z
V H R N I N E W E L S L E D A L Y F L F
```

Curry	Ashton	Ewels	Brown	George
Care	Hartley	Cokanasiga	Hepburn	Daly

England II

```
A V H M X T R W K W F Y B T R L W R P I
C C B D Y M W F F T N O W O F I C Z R S
S Q C M C B P Z N Q D U M Y Q R S V X V
B F I C C N O L Q L B N B E X H W N P Z
T F O X O I H F E O C G N J T I I B P I
X S P R H E N Y W X P S M O V B L A Q B
Y X J I D Q Q P U I N N V T N Y S C G W
Y N E L Q R T U K E Z N F I F K Q P N V
I Z F X W A X P L N B Q N M W P N K V S
E I J I G K S W L D M P T E A Z B R I N
V P E N Y S H J E S R G W P R S M U F A
R W W A J E E O R G S F P B P T F I O F
D M D Y Q W B Q R Q G B E K D U E S D S
S P N W N A H P A R K U V A I I H E G G
D N H K M L W U F G E D T N I L H D E U
R Z I E U B G B E L D T I F S A Y W H W
R M L X J Q N N L B C H R N R G U M M H
W R L N C Q V F R K Q O V X C I O P P Y
T L W A N W O O A P L X C M P E F Y X F
Y M S V N V S A E H M E R C E R F Z Z Y
```

Hill	Earle	Itoje	Kruis	Lawes
Mercer	Farrell	Ford	Tuilagi	Youngs

England III

```
D C R Y C A P T T F P J S I N C K L E R
I E O F W I W R Q I U K V N B A E N A M
R B Z P A V X F P R W F M V I Y W W M D
Y K Q K N R V N E R X X U Q F Y O M L K
B P T W N T L O G V V Y D J Q K M R Z W
N R A C T Q E I U R H C R B U L G F D I
J L S F M H E O E N F O I S G Y E N L L
W B B K D G Y L P O Z B W S I B Q X T L
V H F O G Q G J S Q H I I R M L W S M I
F T P D H K R B Q G Q M J Y F L A R F A
B R Q W D Z J C U I W M Z X Q I A I A M
I O M M U Z M M E R C E R Z F H O D N S
F W U Z S M J C I X X E D S S R J L N T
O S L O Z O W S K I A Q U F T E L U A V
I E R V H G F U L T I D B M O D U A G J
S L X I B U Z M L D Z U M L O N S B R J
F G A Q D C N A U N N J U M K U C M O Y
H G B V J D T N A A O U D G E A P U M V
S I O X W T P F T O O C Q E H H C N Q T
V W W X U Y P I I O M F Q D B E E K V R
```

Mercer	Moon	Morgan	Teo	Wigglesworth
Lozowski	Sinckler	Stooke	Underhill	Williams

New Zealand I

```
D X Z E A R O T G J O U X K K H F X H N
U H T A Y L O R M E P P H T W T P X N O
E M X F Q Z V D M K B A R R E T T A O V
O O L S V D L U O H A A Y K K X Z G V O
L O B S A J U H A U D V V Q S N Y G W M
Z D R K R L N C O H S F C Q T L B M G B
S Y R F I B J S Q I W V D J F Q D D W A
I F M M B P D E X M D C Y K W P T E S E
N T T S R Z Q T L X C S M V D T L J V J
Y U H A J J A J F G X O U X X U A F K K
X U E B B G F Y D N Q O L J B I U R Q H
G N A K S D Y Q D Z Y T O E M N L E B R
F G B W I G J O Z W U W L H S U A T I E
S A B D R J J I V D L R M P Q K L A B D
O F O Z R E P B K Z S V U A Q U A L M F
G A Z Y A R G L P S B B R R W A F L I K
Z S A F H F X C B X Z M Q J S F G I F V
D I R G R Q X W C T K F A L W E K C J N
Q X Z S Z A M B M G G R P L E M D K Y R
A I X P K I F R A N K S P P U J S A T Q
```

Coles   Harris   Taylor   Franks   Laulala
Moody   Tuinukuafe Tuungafasi Barrett   Retallick

New Zealand II

```
V B H J H C C Q R C Y E L Z A R J G N U
D S S M Z W Y L C T Q L Y N D W I M P A
L A I J I B K V H R E P A E C H L K R C
Z V L E L S I O L T O D D N O I E X F Y
F E S F I Q P T I Y S T O K M T B M W T
Z A V M I U U U P D M Q M M O E W V C S
N R C G L J Q U D H I O W O W L C P C Q
H G E L A O C Y T R T I F W Q O P Z D U
T L T N P T Y P E I H C R R H C Z T E I
E S U P A L C U C Q M R V R P K R U M R
K T I R P J Y O E Z Q L B H M D W A Z E
D N P D O D D H B H R A C O U A F R T Y
G T U F L Y J G B N V P X E P E I A H N
N T L C M E C R P B W H S D Y R F N P J
U Z O V E W C T D Z X Q P P P U I E X W
S J T S N Z S A P N Q V U Y C Z T R T R
K U U R K Z X F Q T P F R G G B A E C X
M G D A Q Q G Z N O U A Q P V E L P V I
G G C X Z B O Y J A R Q H B S Z U B L N
O B E U E E F Z P F F Q M W S R T N S R
```

Tuipulotu	Whitelock	Fifita	Papalii	Read
Savea	Squire	Todd	Perenara	Smith

47

New Zealand III

```
L A E E K G F U P L Z H A P L W N I M A
Y M P U Y G O O D H U E L Q R Q J X R F
A O I R V J K B K F B N I Z B P G R T F
H U G M Q P O L E A D G E M C P W U V Y
T N I Y O C X L U N K Z N C N F P M Q X
S G A S U B W O C V Y A E R R W L E A L
A A B T O T S X J E V B R O U T X H M B
G Q R U Z D H A G Z G R T T K C G B R X
B A B X A Z N V D X X K B T M B M T Z B
V K Z Q Q M R R M U Z X R Y M W D Y G G
O H L N O C T C P H O X O G C I R U X W
K C W T W E S S D K Z U W S K L I F R I
G U X Z Z V X I D G N I N U E L M T P I
Z Z A I P B A H V F F Z T E N I A H E W
I O A N E A E T X D Y P O Q Z A F F B K
H J D G A B S I L J U G S B I M B X Z Z
U E A Y T H O M H S H J F L E S F W I R
Q W T J B Q O S Y P R B A R R E T T P U
S C Z H U T H L P L H V C F S Y T K E A
S C H X Z Y V Q O K X W D K Q C W U S F
```

Barrett	McKenzie	Mounga	Crotty	Goodhue
Williams	Ioane	Naholo	Smith	LienertBrown

48

Ireland I

```
Z N P M C G R A T H T D J X D Z F S V U
Z K X C D Y J U S C P B E G J Y E R P U
H U W W O C H R P K L T Z O N K P A Z W
R O Y E R B A E T I Q L G O X A I S E G
M Q W V B P P C S L N H M Y U R O N P I
J S I T R F C W X C S J W L E E K F I K
I C W S B X M H S O A C Y U Y T O U R U
F O A M P X R Z S Y S H A I G R A R G B
R U Q I X H Y E E N P A C N G O O L T P
H E B M G O Q E N E U Z Q Z N P W O E B
M M M W T Y N G E M R M W E W E A N H K
K X V L H D A S J R E V M Y R H L G Y K
D U U D F E Y S J B H Z T L U R J L L T
B C A P N R R S T K E Y B A R R Z Z W J
Q B O Z R Q J R W N A S A E F A O D Q K
L X P G O M S G I A G L T H X M F O A Z
O T L F W Q G X N N R T W U J F F Z E X
S J O C R O N I N J G L M Z D O M Z O E
U U S U M Y B Z H D I X Z L R F F Y A H
R O L T F U F I K E K B E A L H A M P G
```

Best	Cronin	Herring	Scannell	Bealham
Furlong	Healy	Kilcoyne	McGrath	Porter

Ireland II

```
R T E Y C R T V Z P M T K Y W Q H A N Q
M V S I S A V H K E R P O U G A U Z B Q
L B B G F P E E O E G Y R Y A N R B P G
P U O S L Q Y D M A R I H K G F G Y K C
T P U U T R O M I L H T O N E R E B A S
X S K U S L D V D C O I B V J X H A J N
B N S W A D Q T O D N I H I X N G O G T
E O H P Q V F L H Q Q G F Y W E Q S K X
Z S M S B Q R H L R X S P H E I J T T M
Z W T A H N E N E B V Z Q Y N R K N Y W
E Y C P H U Z I X N X A Z W R B P I U S
K N S A T O B V U D D Y J M I O S B K U
M J J E T W N K O E U E Q R E M P U J A
O U Q Y P Z M Y R P S U R X B J E Q F G
I C R J G I B E U M P C M S M U H T K W
X N E P K F C S L L P D P T O Q S D K O
G Q A N H D K V B L V X J X C N G S V R
J N P L T Y J X W P W J S J S P U U X G
W G Q M W S U V S Z E C B I K L E A V Y
X N B F L B L D Y N S E N P D Q L F C S
```

Ryan   Beirne   Henderson   Roux   Ryan
Toner   Leavy   Murphy   OBrien   OMahony

Ireland III

```
T O C I T O V H N Q K W O W A O U Q I P
L G K D A N W I X R C O O N E Y R P A Q
F I Z X F E N G U R N V V X X L V I R P
C F H L R X T Z W A B U G E M B L A Q I
A F P V F F Z C L Z M E O G R U P P F N
M H P Y O M C G R A T H G Z Q D Y N S A
N E K S U N V F L B O Z Z X H W F P S N
S Y O O B C V T Z T Y R F Z E S J I M O
U A M R W T A P O K P R G B N K R H J C
L G H E F N F X N C Y X N L S W C O E O
Y K Z L Z U V Q U O Y H Y E H U W R V T
B X P G T Z S F X D R N J P A A B K U I
C I F Y Q U T A T D R O K S W R J R N P
B X Y R K M A Y A U E T M S Z A Y Q B T
K D W E F I N L R R B X A C I C T A F X
B X Q G R M D N H E R E R C D L L H C F
Y Q N C K S E G I J A S M I F P E J J Q
U T K P R M R H I L C W I G Y H E L H I
N R L E U U C X T P N G O I M O B A L B
R X N U Z Q N D W A R X N M X V R K G F
```

Ruddock	Conan	Stander	Cooney	Marmion
McGrath	Byrne	Carberry	Sexton	Henshaw

Scotland I

```
Z W L L H U F D U C L H A Y B U A G Q L
U I F E I A D R O U O U U X R R L U C F
R D J B I L B R S Y N Q B U L H Y H T H
J O B W F L K N L F A I U C F V K S U Y
R S B G K L W N G K L M G W I U W K E L
N J E V L E H S L B L E Z S D Y F F V L
S F R B T D S S Z X A H K Y M V G B H A
J N G Q R R P C O F L V Y Y U N A C T N
X E H P Z O X T O P X G U S L G R N T I
N J A Y R P W Z Z V W Q Z U L H U Y O C
E Y N U M C F N X B G C H Z A N S W X M
U Z V T D L G P E A Y J Y A C J Z P R Z
A C D C P C I P V B X T G Z C L I N O Y
Q O I P X H J J G E D Z H T M N X Q E X
B N E X C N E L I Q F W V V Y B K W Q R
D P R Z O F I T T U R N E R V M N J E E
P S K L E O F E F O H J U F W D S F H U
R Q Y R X R L A M S W D C T D Q C O A S
L M B J P D L B O X T J W B I Y A T J V
A X F O E G D D P M Z Z T D V I T G K E
```

Brown	Ford	McInally	Turner	Allan
Berghan	Dell	McCallum	Nel	Reid

Scotland II

```
U H V A F L V O R N Y F B T W H S W C D
L Y O J X O T S H S T L E Q W E O L W K
W Z E P L V A O U O Q T Z D T K H P Y U
L C G C J M Y R D W W F Z P D K J T F Y
H X I C P B R A D B U R Y W A X O Z P Q
N F L I X B E E N S C Y J E W P E I Q W
K X C V S D Y P C K S G M M Z S P U J H
U Q H J S K P Z W I D R L G O C A U F D
D G R G H P Y Y O N E Y X M J U P F B K
S C I E Q L D J V N N A B L W M C Z T K
G K S C C Q J R H E T R L G C M I B L T
H S T F S A N Q V R O G P K C I R R K V
N S W I H F W W K N N Q X L X N W V Y L
O W M U O V J M T U Q U E D R G Y L H J
S Y A T T Q I F Y Q T N H H A S D C R K
R G H Y G D U C L I O Y S V K H A K R G
E W A H B F B X O T O U A O E I H X N Z
G B R N M J Q Y U E L I O N O X J H L D
A E G C D I E M J B I N V Y W T A G P M
F W O K F G J K B G S R P X Z N E Q K N
```

Cummings   Gilchrist   Gray   Skinner   Toolis

Ashe   Bradbury   Denton   Fagerson   Graham

Scotland III

```
F I R W E J Q R B Z C R I U N H M Y M U
C I X L X R S N M S H O J K B Z W K P X
W B R P T F A L M K W M J D Q M E R T G
D M B Y G A T I A X F N O Z I O H C S U
W B F D G L Y Y G L J L N R Z M W O W L
I Q K C Q J W W J V O C E L W B V E E L
M H O M C Y E I E E K V S S E K X K I O
F M F S E J O P K F H B M Z W A R V R I
J H B T G C M P R R Q U C X W S F B L P
V M T O R D K T C A L J N N G U Y H E E
X L C P A N D M P Z F F L I G Q Z W I V
E Y M R X A Z R D C M F E B I M Q Y X K
G K O A E L P A U U A X Z F T F C M H S
A Q Y B N T P R S S R Y V U T Y T K C O
H T O N R I M Q P L S D M N O G O L A P
U A Q U O A C P W O Z E L T C X I V Q R
M Y R D H M Z S U W J R L N S Z H N F O
E G F R R V D Y Y P J P I L C U U J Q O
B V D W I C P N H A S T I N G S F S K Z
C Q R G U S I U D H V T F I F E M P Z C
```

Hastings   Russell   Weir   Dunbar   Harris

Horne   Scott   Fife   Jones   Maitland

Wales I

```
C V X O A C V U O M Q N A V V W L A V T
W C E Z E F D W H S P W H A P E I C Q L
V T F A L W E E I P F B R O W N H L M N
U Y S V E U L R E J L E W I S K V L P B
I W G N V E I W D O T U S M I T H H I W
A X H D A I A U D N L D J U Z A F Y E Y
D B V N N Y S H V E Z U M O W M R D Z A
V F S J S H P P R S J C X L I W A S K I
G P C K A W I B E R C B D T F K N D S C
Z T P U H D M N U B S K Q B P H C R I I
W S V S P V K Z T O C Q R S H K I I T A
S E N G G F T K H W P E U P T H S U W R
F E T V H M S W P E T N K I R B N Y J M
W V S S N I J I S N X X U N D A K I J F
S B J F Q R I G L S W I Z N P I O R C C
Y Z A O C Z K F F D K M G O W I M Z O Y
C N K E E K T V X T J I V Y J H S B Z U
K A U U C L C X L T H T A F A U C P L S
G E Q K B E Q J X O J J W E E F O Y H X
N F V V Y E J D G A V M B X M Z D P C G
```

Dee	Elias	Owens	Brown	Evans
Francis	Jones	Lee	Lewis	Smith

Wales II

```
P I X P H T I P U R I C U N G O M T M Y
C G I A Q T W K E B L N Y O M B L W C K
H E T B H M C M Q S Z Q K I V B N A Z Z
I V D T Z I J M O R I A R T Y N X I I Z
G J M O T C L O Z E P Q B A W A N N R G
P H C Y J G U L N T Z G W L J V Y W M M
O J I Q W P N I W E U E E E W I S R Q C
X O H L P Z Z D V T S F E T F D H I V M
V W S Y B M X G R H U K C A B I I G H H
Q Y S R T Z M O K I A F S D M Y Q H Q E
Q H B K Z P T E Y L X O W Z X V Z T V M
R Q I E G A K N X X A P P T I N B J D W
U K C I A Y D N F T Q F W Z L K R Z M T
Q U O U G R T U R N B U L L Q E L H L U
V N L Q C P D F I X F J Y K D E C T S B
Y O I N K B V J O C V T G V R F P H E A
T M Y H V W Y H I U S B B S C N A O I L
U O S D I H O N Q N P O Y N R R W X V L
I W J U J P C P L N B V Q I N F V C A F
Q U J Y J O I V N K F C M X P V D P D Q
```

Ball	**Beard**	**Davies**	**Hill**	**Jones**
Moriarty	**Navidi**	**Tipuric**	**Turnbull**	**Wainwright**

Wales III

```
X P S L B E E V X A M C N G O A X H S C
L B P M D V C E X J G A E O N N K Q K K
C V O Y O U N G B Q U F W U R Y C Q X T
S E T E F R C I Z X L Y F L K T D H A G
D Z N U T Y T S I X G D W C O L H E L E
N B W K H R G G A G D S X J L D A D W O
D M Y G B A I E Q X O Q M L G M N I B C
H J D I M G P B V J N V S Y M A J H H T
D G G S S G Y J W A K L D P W N T F L R
T Z T D U I X H X I N K R W I X Y Q O F
C M Z Z T B F I L B L S Y S L N Y K F B
X A K N T Q E H V N Z F N E L I N Q K H
J P F E W I H Q D Z V T K I I K N K H L
X X J C B Q V J W Y Q R M V A T E Y B O
J U E O T Y H G Z K B I H A M A P F K K
O O S N O F V G U V W H A D S W F B K R
J S N I O R W W J Z D X D T I M L F B R
D T A M T H J Y I K H U R U E J A Y P V
T W V U E E B S D A M O S Z C K H Y A S
I I E S T F N O L V K F V Z E H I T Y Q
```

Young	Davies	Biggar	Evans	Watkin
Williams	Evans	Amos	North	Halfpenny

Australia I

```
R X N V T U P O U G I L J G T K R I F E
L L Z C Y P U N B Z P V S E H A Z L V S
O D U N W C F I U X W O F B L I Y L D J
C K R W G N Y J C X Y C M W G R S P O C
Z I S I J G E F T T R I Z A Q Y H N R U
O I V X K Z I O X X N U K R I S W A O X
A L A T U T X W D N K I G W V V Q O B V
Y V B C V H B S R P D E V R K P F T K K
Q B S H O R J Y O B T H P N P D X A I Q
O C X H U L Q Q D O T F F U Y E X L M E
Q F L H J B E Q D L I Z T E K M K A H O
U I M V G D Y M A Y G C M G W P U A J I
W I P S F J W O A W H Q O C J S E L G S
Q N R N I K E Y Z N V A X S V E I A X U
W H L Q A M Y G X Q A C I T W Y Q S R L
J P K W L P M Y X B W Q A N J Q A F F V
T R B I W O Z O J E U T M Z S B G W W Q
B O J X I C A P N S V F H Q N L K L N X
S M F N U S A H V S B P N W W J E B E X
M R E K U U N Q U P C M O P P Z R Y F Z
```

Latu	Ainsley	Alaalatoa	Kepu	Sio
Tupou	Coleman	Rodda	Simmons	Dempsey

Australia II

```
P Y D O K L L T B G O T H R D L T P I M
E Z O T M T C L I S G F C B R V B Y S H
N G D F Z F L C G A H O Y S P F Z E G C
L T U Z A R S A T M I E R A X A E P N D
I H X Y O N S T P U M F U D J N I U Q S
D P H I P P S A S A C R L N O G I L S P
P B L V D G V A L E T I N I F N U Z V R
O W F D M O O Z H T C B T O V E R W V A
N R R B F J B P N X J M R J T Y J J W D
C U W P K F J R A A L D U E P B P M R I
U J X B W E Q J I X D I Y U Q N N M B K
R Y P Y L J C Q N Y O D V E M A R T H F
C C H O N Q R X E F S M Y Q H I D Z T W
Y U N C G K K L G G O E F R A S C L L E
Q T A I U C X K W V F L V I N A K X W H
C O G H B R W C W M G C E E F R T X Y O
K M I U N P T O M T B M P Y E A Y C S O
H Z N P J H L C N X U T A P T N W S Q P
X I A T C B W O H V B N S B S I W T C E
H Z H H Q S Q P D H N W W W M K K W Z R
```

Hanigan	Hooper	Naisarani	Pocock	Samu
Valetini	Genia	Gordon	Phipps	Foley

Australia III

```
R F O J G H W B G T P Y G P W A X D K H
R X O R B H C P D T O K Y G H G H S G J
T A R L E L V H Y T O E B J G H A T Y M
N V Q A A F V I C R T O S N D U Y B D J
T G X Y C U K H V D X P M I B F L G O I
A K W Z V Y X M A J K O M U O W E L M U
W V L O G J Y O B Q S M P J A T T I K P
X Z G L G A D G K C G M D E Z A T A M K
F L H Z N M D A Q Z B A N K S I P H S W
H D G J A Y Y U G D U T S C E F E B R D
B A P H H Q S U K I C S U O M B T U K L
G G E H X F X N B O E K L U C E T K I D
L E H Q O T F U T G R C A E W A Y C V C
L E V U U G A U J Z M O V Q Q L X L Z S
U U N T E J O O G U M D I X A E K Q B B
V N C M M U A F V B R D A B Z W O E D C
A P B R R R Y G R F H A N V E Y L F Z L
U R A E F T S C F X E M M D Y T Z L C V
A A H T I B K E R E V I O J A C E D M A
B K K V S Q F P E T A I A J S L U M L Z
```

Toomua	Beale	Kerevi	Koroibete	Maddocks
Naivalu	Petaia	Banks	Folau	HaylettPetty

60

South Africa I

```
L C A N E N L A U V N W P S G D Y I W Y
X V P I Z W T S H K C F D H O P O Y V T
A I S U R N W J P S M U I F Y U J Y E F
L X H P H P Q L E Z U M F P F F D Y N U
V Y E M A H O P D B F D G I L J H K A W
B R E R L P Z X D V L E N C V W W I K H
G R N R L K O U F T S O D O L N I T A O
F D I Q L O M J T O C Q L Q L P B S Y N
C C W T K C V A X J A F Q Z X Q X H N D
I G C F S H H K R W D Q U E S H W O Y R
S O V B J O A A V X D Q X A S D Z F V M
Z B Y Q Y E T Z E B E T H L S F U F V A
P S V H Q O E G Z Z E G B U O N G S R L
O R F Z Z P P L M A L L D N T M R P U H
P J C Y A N O V M L A P B Q R X Q I A E
D I N M B O N A M B I F Q M E W Q A A R
G M R G M S F E W P N I C F T Z A U S B
O M R B G B B Y U F R V U C S Y E E W E
U I X N E A D S O X O O I C O W Y S P H
B R K I L B R D L O G N D U M T G M T D
```

Brits	Marx	Mbonambi	Kitshoff	Koch
Louw	Malherbe	Nyakane	Etzebeth	Mostert

South Africa II

```
N O E I D L M U S Z P N L L K H S G Q G
D A H N R K W M U Q O K L B S C T K I T
D K W A H Y S A Z X N Q M O Y F H D B F
P U P L W Z N W M V E Y O K U W Q F L T
Q P X J E G Y M Y K A Z G I V W B M F I
M F Y M Y L M I H X I T Z G C Y X R T P
A W N K H J A I A O L M P O L L A R D Q
M F N S E S N S T W W G Z W O U G P J V
F W K K U R K E I B D L B W W Y P R I Y
U E S C Z E H I R W H Q R I D W R Z H E
Y I G R E D C J C H S D B E W R Q U Q L
Z Z V R Y U M T W K J Y S C U B X X A E
N A S F A E L N C R J H T W E P N E N T
K O K P N R Z A H E K C C Y F F Q X Q I
O R T G Y H P J R I W N Y V O M C U J H
L B E S X C X L G P H W W T I S W Q B W
I M V H H S C W Q A P G Z R N B A T W N
S B D M G E Z R X P T N Y V C O O X E H
I J V B I K X U T K V E R M E U L E N P
V I Y A I Z H F Q M I B Y E N C Q M U G
```

Snyman	Kolisi	Louw	Notshe	Vermeulen
Whiteley	Papier	Schreuder	Jantjies	Pollard

South Africa III

```
Q Z D S M O H G J V G S N P U B C Z J W
D R V P X J K V Y U R M E V A T L Z H Z
N Y B Z J Z W L Z R Y Z L O S B K L C B
O Z A S K L W J A E Y J H Q U P O O L B
W Y L N O I S P Z X S W E W Y K N A D A
I R T C T F F T M M E T I M Z D L Q J P
X F E C Q Y S Q H L W D E A L L E N D E
A Z I G L Y I G B I S Y K R B B I T Y T
C R U G O A E Z V J T H E T H C R J X E
T M B Q F A V Z D G W D B J O U K V W R
O N L U P G V M I G J E B S M U I M C S
Y Y V S N S E K J E R G D P A P Q Z F E
O O F S L A P L O N E X X D W V W A E N
Z B N R D W I L L E M S E H E I Q O M N
I I F E K E D I Z L J Z X X L E J N I K
D A T B P F U O R U G U F P T U P K U O
J S K L S J K M J K Q Q X O H G K O O M
T Q O O X J Q I X R M A X W M G I S B B
K B L K A W U X O G S Y N Q I P G I X M
L T B N E L B J O L P F L A K N E O T M
```

Willemse	deAllende	Esterhuizen	Kriel	Nel
Dyantyi	Kolbe	Nkosi	Petersen	Aplon

France I

```
N Z Q J N S R Z T A W O M J J Y T J G Q
P M C D Q V W E Y D L P X Y M Y L S U X
R V X O V B Y V Y O Y J G E A R Y A I D
I R J F R B L N M W E O A D R A P Q R J
S T J F N F K T A Q L B V T C I B N A L
O A X V G X E V B A A E Y L H R O Z D P
O I I V I L B C U G G D O L A R U O O M
L J G Y M W R M W A F L H H N U R I R T
W D M W Z Z M L E W U Z M R D T G R O D
W Z X J W R Q O B Y J G W V N I A E I J
O A O Q U J N L M A H G A R A W R H N M
I D Z P Y X R M W E M E A Y P X I G O T
L H I P M M R Y P Y V B K W B X T E T W
O S U N P M P X G E A J A K T S W D A F
G K H P F R R A A W C F J Q L H I L Q G
M I I S K Q I T N F L A R V Z E O A C B
Q L L A M B E Y S C F U S I W X I H V T
Q W Z A P N Z A R F C F X J D X O E M H
Z O I V E T P U Z G K H G J T N A J B Z
A H I M D M P X G V X P O I R O T K R K
```

Bourgarit	Guirado	Marchand	Aldegheri	Atonio
Bamba	Poirot	Priso	Iturria	Lambey

France II

```
Q P O M L C G Y C P Z R I X B Y S D B B
E Q M F Q F Z X S F J U D L A U L D Y L
U U X I Q G T C J I F E P A S M V M J X
L E V J F U T S Z I Z L T U T H P V S S
G S P Z K E J S N V U I R R E N J M T E
B M I B P Z L L P B V P T E R C K Z T R
B E C Q A P C V G K E C T T E S K E I I
A L A H R G O J V O N I K E A P J P R N
X L M H R D M C O F L W D C U E J O D B
X I O L A C G I I O P N J S D R P L L P
L W L N J J S I B L I T K H A W Y K L G
O A E T M E S X M G Y X V N X K Z F A A
E H S A V H D W B T S H W I M G F J T A
M S V M A R O C A A X A N W Y J S H P J
O S X A D D K U Y I S X B U B B G Y J J
U P K C G J Q P H T E R Q M H N F K E N
K H A K N S J J T Y H U B E Y X D T U P
Z H D U P O N T Y O M R P K T O J S X N
O M O Z L Q N E M I S C M L O X Q V Q H
E B S G E J O N F O F L G Q W Z U W H N
```

Willemse	Alldritt	Lauret	Picamoles	Dupont
Parra	Serin	Lopez	Ntamack	Bastereaud

France III

```
E C U X Q D B R N N J V L E R O U X K S
M H W I X G Z S X P K B J C K E Q M S E
O F P P O F Y Y J S T D M E D A R D N R
F Z B R L B U F S T C A F C G E D T S I
E H H K P U C Q D V T F I F Y A U G H M
O E N Q Y W A Q F O M W C X O O O I Y T
H M X Q C L M R N D J Y K W E W R R H E
U Z G F H V A V L G L L O Z E Y Y A B R
X I Y W X G R F B H F R U O V U A W C U
C I H Y D O A L E K P W G B E L M K Y A
P Z W T V H F P I Q N T T O A U U O H L
V G F O H L H I E O B C E G O J O J Y T
Q I W R N A N T O N J X G G C H D E X G
V A L K A C R L I F A V U G Z L V I C P
F V O W Z D S C Q D I U H Q N F Z A K U
L O X M D L E K D A J C D L E V S W Z U
B A F C Y M V N I L V N L V S R O G G T
Q W W A T L Q L G O H A L O H I M A R F
D C C E N F U S D F K F X U R T A M J I
A T D S N A P I Y Q X Y Q E L F R A Y M
```

Fickou	Fofana	Penaud	Huget	Medard
Ramos	Doumayrou	Camara	Lauret	LeRoux

England Legends

```
V B N B H Y B Y S I S V F V V Y V P Y S
Y S F M Z A I E I I P F D X R A Q B O X
T Z Z T W F B F X P L U U Y C O L Z K G
N I N H R E A B V L S B W F B B K I D V
P O M N G U S C O T T I U J K A R C A B
A G R W U P W Z B D H A F P W A K Q L L
W H E E L E R S I O N H Z G H Z Z O L W
V A N W G J T D G O S B H W M Q W U A I
Q K O R M K B R U W N V S E W N K N G L
I C S L P C S A Y N N C O A N O P D L K
O D N H W A F H W E Y Z Q N O S P E I I
Q Z I U P B W C C E G G C G S W N R O N
E P B P V Q Q I O R E K Y E N A O W T S
P D O V W V M R T G C N G Z H D J O S O
C X R Q G S F W T B M O M H O S X O A N
L E W S E Y U H O W U I N M J L S D H A
T K E N Z Q G D N L S C L E O N A R D G
D U R N Z D L S E M R K F D S K J O Y O
U E O C E V B V E P C T S T T P B J B T
E C E A C N H W G Q J I S H A W V D T S
```

Leonard	Wheeler	Cotton	Johnson	Shaw
Dallaglio	Back	Richards	Dawson	Wilkinson
Robinson	Greenwood	Guscott	Underwood	Lewsey

Scotland Legends

```
D W W F R N G R U P T G N G Z E R W W M
J V H M G N I J W S Y X N D E Q U K P G
T Y D E Q H V P S T A N G E R N T D L
Y S E I G M A N W V U N R I F I O E M I
V R O O S P S O Y E O D K Y F Q E A N Q
Z H B W S W J O O C T Y J B P Z S N J A
N F F S Z G X D L Y L I D B U P G U S R
Z X O K H I R L E E E T M J D K N C Q M
I V U C K T S A M A H P U E D J I B M S
L Q V I X E E U Y M N V R F P I T N K T
V F W W R L V P J I B S R F I L S L L R
E K K N J F Y L U S D V A R G V A W J O
N R W E G E O M S H N C Y E F C H P T N
R N Q R O R O H Q V E Z Y Y N P R X U G
T A K D U R C K V G S X Y I K U Z H O K
A E H C B U A P G L N H E A S E O G S L
Y U Q M O W L M M Q W F V Y N V U G R I
C I V L H R D F F N O P A T E R S O N B
E P B Q A I E R D W T I D D C O P H J Z
M D Q H T K R K B C N U W E I R A N E S
```

Hogg	Stanger	Renwick	Hastings	Paterson
Townsend	Armstrong	Sole	Deans	Murray
Weir	Gray	Jeffrey	Calder	Telfer

Ireland Legends

```
I V Z S Q C V X U Z I O A O B H A C S T
I Z T F Q W B M M D R X K C X T K O K P
A C R Z Z S N G T Q D A E O F Y D R Q U
W T S C E Q X H Y R H K A N K T G L Z W
W I Q G B Q S L A H I O R N K B Y N L E
Q W Q U G V E F Z H C B N E G B Y A N O
M L J H D K R B X A K R E L K U N G Y L
S N R O W F E A N F I I Y L B O Q R F Q
E T J W E T V N H T E E E S P U H O E H
P S O J O Z B J C T D N G H W Q E H R D
I C U L Y I G K X K B X Y R Y P A N R J
L B D B L F I X Q D O O E V J O L Q I H
S E H X L M G I L D G Q F W R W Y K S A
A J D F E P Z Y B F A R Z S E Y O P C Y
E P A L K T D D W U R Q R T H G D O C E
H F R E O S S B H I A U D N U I Y M D S
P J C I G B A H U S A X Q X W R Y J N G
A P Y W R V Q O U W L V K X S N O G F R
O D R I S C O L L M M U R R A Y E C Y T
F H U Z P Q F K Q H U V B B M C O M N B
```

Healy	Wood	Hayes	OKelly	OConnell
Ferris	OBrien	Heaslip	Murray	OGara
Hickie	DArcy	ODriscoll	Horgan	Kearney

Wales Legends

```
K H A W Y E Y L P R I C E D L I P N G B
F S Q P S F T L L U C U Q N E R M L J E
N M J Z C L U B O E R X C T K P V H R V
K A Z P H X Y U R D R B J K S L Q R G B
D I L J O N E S W W K Y T Q T Y M C F X
M L J O P D I M I A E O V U O T S B J B
S L G O Z K B W L R M E I M J B W O U V
Y I V R N F A R L D M J X Q W U I R D Q
N W X P A E Y C I S D Q U A S G L S V X
N B W R L W S L A Q S T E A I Y L T B X
D Y B R S K C X M V E C U R V R I L B L
H G C H A Z B Q S I I B X M R S A K M O
N K R T M Q A B B E V C D M A M M W Q V
E X C I O J C H N O A O L J H A S G N W
T V S D H T G F K W D C S R C I Z D H F
T X U E T F D M T X K D P E L L F A O P
K J W R J E N K I N S I A Q F L P V J Y
A U V E E T K J K I V X G R V I T I H H
H R A M N Y Y R E L R M U O D W K E R N
X P J D L F Q A O G I W A B Z J C S G R
```

JWilliams	GDavies	BWilliams	LJones	SWilliams
John	Edwards	Jenkins	Meredith	Price
Thomas	Charvis	RWilliams	Davies	IJones

70

Australia Legends

```
P R H J J Y M D T F K N U F Y Z K V S T
J Z G R U H O R A N E A L E S J G R W Z
U C D T S V C V P W A X J D Y Q A H W M
F L R I F I L C O M M Y I C G K A J Q L
E Q U K P F O P U I C D Y I R L J A E K
K N B P J O L F M N N K Y D O Y B B P K
P Z E A X N G A C R I R E K F D L W J M
D Z D L H K F R C B M J Q N F M A T R Z
R J G J R N H R A U B N E Q Z X X L C Z
J N T D X R Y J L R P V B J U I O M Y L
J Y P C I Z C O L K K U H N Z L E N Z H
P W Z A C P U N Y E T C C V U Y C O Y S
D G T F F G F E B R H H P U X G A S G N
H E R B E R T S V H O O A G Y O M L L R
H K I A K P P A N X X N U Z N P I L A
P O I D E V I N J H N S T W O Q E W S E
U V G H U R A W A V B C F Q R U S I V K
K D W S A J L S Q F J G I T X J E N S I
L N Q I W B O R W W E E L L A D C J L Z
N D U J V D J B M N Z Y B G D U G G A
```

Daly	Kearns	McKenzie	McCall	Eales
Poidevin	Wilson	Kefu	FarrJones	Ella
Campese	Horan	Herbert	Roff	Burke

New Zealand Legends

```
I K F B L W G Z H J X B K L N H M Y O J
U J Z X R U K B T K I R K P A T R I C K
J P L K E C W B T H U K Y M W W U B A H
M X T C T H R M I N J D A E T I G H X S
C W X I R U S E L D X B V A S L H M J N
S P D L A M Y I S Q C R X D P S Y K L R
Q O X L C O O P C U G O W S X O Z L G A
Z X P A V L D C V Z B O Q P C N B N D Z
G Y X T M N W R J Q H K U N F F X W K S
X Z B E A N V C E S B E M C V I N O N H
U G J R W N R X L G N K W V Y S Z R Z A
M E J A O A B P K R M B G O I N G B E H
R M O I O Q U D M P X U N X E N T M K C
X Y L M D V N Y O Q Y N F Z X C Q W B O
K R G Z C L O V Q L O C T R H E L E R C
S D I O O C N O I J C E N K C U L L E N
R O H P C R A Y G V Y V U G S U P K I V
T E T O K O A W P U V C O L E S S K F L
F L E A T L M K N D Y A B Z G H W A J F
L H F C P O H T V E W P N L R H V V E K
```

Cullen	Wilson	Bunce	MaaNonu	Lomu
Carter	Going	Brooke	McCaw	Kirkpatrick
Meads	Retallick	Brown	Coles	Woodcock

South Africa Legends

```
V Z E V N C Z R Q N B H G C L M C K R H
D L U I V D W M T Z B S D D J R D T N T
I K C Y C B R B O T H A E O B A Q I X C
W Y E D D F E T S Y O E V E M N N M N V
Z G X W R B V Z U K E D I Y Y D Z S E O
B A J L G R O V U E Y A L U O T H T Z C
J P F S C Z R U D V Q O L R Y E T F I I
P S Q P W W N X U W U P I L N Y X N U M
N G N C R N E Y P W H J E H F K X H H A
E B R C A Y P T L G D S R W B D F B T N
S U X J U H S T E Y N E S P U N B K S A
R R T J K Y V Y S G N I H B O Y E F E B
E G P G S A V R S L S P E X H G Y P W A
T E J H K R F O I H K S G T O Z W D F H
E R Y R R S L N S M O N T G O M E R Y H
I Z A C X W C H I J S G M K H O L J I L
P A Y R S M L A I M N M M A T F I E L D
J K F X Y D V S B W O F I Z B F S F X W
I S T R I W S I J Y Y Q C T R Y J T D P
H F O U R I E X V T O J F Z H C A F D Y
```

Randt	Smit	duPlessis	Matfield	Botha
Smith	Burger	Spies	Westhuizen	Steyn
Habana	deVilliers	Fourie	Pietersen	Montgomery

France Legends

```
X N T L P R Y O R M Z M Q G B O U S D W
J T Q D D T J C S T C L H T O B G C Y X
X T H F E L C A D L E I Y A N G E A Q S
C J P R Z P C J X A L R U L N A S R L Z
Y I X J E R Y W X U L Q Q V A L J C A T
W H H J X S G Q J M I P O Q I T X B M E
M X P U S A V H V B A V D C R H D F L I
E A E Q V I L T Y W R P R I E I A N H K
N L R B Z N W Z R S T K O Q A E N T I W
G E T C L T V Y I K X L N S D J J A D P
I U M O O A N I U Z T M I E T B D K U J
D G N D C N N E X B D I R C K T H T O F
E F P J D D N C X T E C A E L E H Z L Z
W S E N O R C E O I M H H N N L K P L Y
T W L I M E M B T B K A K W W L N Q I T
E L O G I M C G A A Y L I A D A G M M H
E D U P N J N W D N H A X L J N N M G F
T A S X I Z Y G G E H K V L N E C D B W
R H Y X C B W J R Z C T N E E H X Q V G
A C Q C I L Y K M A G N E S Q G M D N Q
```

Milloud	Ibanez	Marconnet	Pelous	Nallet
Bonnaire	Magne	Harinordoquy	Galthie	Michalak
SaintAndre	Sella	Traille	Dominici	Blanco

Lions Legends

```
V V J C M G C R O D R I S C O L L D Y B
O I U G C T L F C C I W Q U X N G N D E
O Y G T D Y W V L J K K L V V B D V M A
T B M Q W A V C S M F O G Q U C T G E F
L G Q C L I V B O Z H I L L J R I D D L
I R Z S L Z C I H T R U T T O O B W I I
X Y F J D A F W E J T U F S H R J J R K
K F E M Q O U I D S Z O V D N E S R B T
Y C I B I N M C U S K R N R Y I M Z C G
M K R Q A U Y D H B G W Y A R L A K M J
W L S P Q S S L G L F D L W E L I O A U
V N W W I Q K P L Q A J N D T Y L K R E
P K S H X T M I G O N N T E T D L X C E
K H E M I R E V O I O J W C A O I T V N
P V H X I E Q B Q W S S I L L O W T U O
K L N F M H D A J X N L O J S W M F O S
I I C E A K H E Q U H M J W P H Y F U B
E K X Q U B T K B H O K M D A V I E S I
R L O B E J M T Y U J R O R M P N S T G
T A R E P H M Y H E Q B X O F H E O J B
```

McLauchlan	Wood	Cotton	Johnson	McBride
Hill	Slattery	MDavies	Edwards	John
OReilly	Gibson	ODriscoll	GDavies	Williams

England World Cup Winners Team 2003

```
S N V Q O S C U I F S U J G A L G L H V
Y R A K B X R I F G Y L O K X Y R C B V
E W C H M D T X E B I B H H A W E O B O
S E I J M N B H X Q R U N I Q Y E H C I
W G E L Y Y T U O B R Z S P O F N E G L
E B Y C K Y J Z R M O H O E J Q W N O G
L W A B N I V E P O P R N O R O O C Q A
A M Q C F O N Q F M Z S O A S O O F P L
F R V D K V Q S W R F W O B W Y D K I L
O S C U J K C K O Y U O R N I H H Z L A
Q R D U V K N J M N R O R S E N U O L D
K Z J J W K R M U G H D U O R U S M A G
X Y W K I J S E H V U M C N Y S E O D C
F R G S N Y L U N W W A A C V M C Z N F
A E F Z W V Y J H C W N R A A J H S I N
I K R E F A R Z K N N X S M N K L Q T A
S C Z Q H I L L V Z J B J I L G C Q R W
N I D D K F R W R K F W K Y N M Y S C K
T V D A W S O N W W L K I W X S L X M F
A X M Z U T C L E K P Q E Y Y B W J H H
```

Lewsey	Robinson	Tindall	Greenwood	Cohen
Wilkinson	Dawson	Dallaglio	Back	Hill
Kay	Johnson	Vickery	Thompson	Woodman

New Zealand World Cup Winners Team 2015

```
Z M K A Q R N O N U S L T O B Y U E U N
A D X L C W K D O U X O Y I I G W F O P
Z Z Q B K A A A Y E H V Q R P M R X I R
J M R B E U I D K X S D E U I V C U Q M
R I J D M H N U Q S M V R H I G Y N U C
O L V G X B O H F Z S P E T H M R D M B
T N C P D I H T R G M C T W W C K O B J
W E K X T U S I A D H C R Z C O C M X N
W R Q D V J S M N L K A A R J L O O X L
N S B F A Z W S K I T N C S Z E L O Q A
P K L Z J Y H I S H Q R V F I S E D M U
F U Y I X J A I D B B T S H G S T Y D C
O D A F A B P Q S K Y W M O R R I Z Q V
J D E X D J W E S G Q W I R Y I H P L B
J E V C S E N M W O P O T K U C W W P P
N R A Y M N I C T A W Y H D Y H T A I B
J Y S E I J H R W X G Y F S I I C C E X
C U R E T A L L I C K O L B J E M C J H
H J I D H G U X K N Q Q J Y F U R M L M
C E I T I H R V L S P K W C P O D Z S R
```

Smith	MilnerSkudder	Smith	Nonu	Savea
Carter	Smith	Richie	McCaw	Kaino
Whitelock	Retallick	Franks	Coles	Moody

England Top Point Scorers

```
J B M L V U L S W H W B C G C S A W A T
B H G W E O R I Y O J C X A Y N N W D R
R R Z Y N R S V Q S O X C O F V D A U L
O X X Y J U H A R E D U O N A J R R M Z
M F M L A W I L K I N S O N R O E Z B Y
E A K M O F A A S O Z R T A R A W Y M X
V T W O X X V C F U A P X C E J M E P C
H B C H I H L X H R W K D N L C M G D S
I G O S G L T L K E A F V B L Y L V V E
H B Q F N Q K C F H H L D N E X Y F A B
U R H H O W N W P I W O W Y L U X R G A
Y W X J S R Y I V Q E O R T N A E A U M
X P R C G Y D E R T B D C X O G M Z Q X
Q A Y J D K H C W T B Z U G S V J Q F V
Y R T M O D F I T A M Q U J Y D Z B P H
S I K O H R U V G B W L Q N A A Q E W O
P Z T U P B R S B C U N D E R W O O D C
K T O J J I Y E C A M H N B G X X L N T
W D C H R R G E M S D B E J K N F M S U
C M P W K J Q F D F Z X R B N H V X K N
```

Wilkinson	Farrell	Grayson	Andrew	Flood
Webb	Hodgson	Hare	Ford	Underwood

Scotland Top Point Scorers

```
K R P P T D G D S W N W Q D B D F B B N
N W W I X C K B R N D O D S R S X B T W
Z H P D R B W Z W L X C F V C E T O N B
D P P M H K T J D U Y F V C X P W P A Z
A Z Z Q Y U N Z H T M Q N L H J E H C B
Y X W P A R K S I Y F F I T Q F G J N G
Z Z K M E P K K V U C G E Y G E K Q P O
W G Y V D N E Q T W Y I N H B M W N N O
B P T O W N S E N D N L W J E H C F L C
I U K B H A S T I N G S L I B S T P I H
U S N N K V M V W I T S D A C W J R M A
A T M A P H O Z C J U N Y A I T D Z X L
U B F G K A L U F U T H E Q M D J L R M
U M Y O X Z T M K N R C N P M J L D V E
C E E L D R S E N L M O I E D O X A V R
L U L Y R P I R R D L Z V L W Z L L W S
C K W E C Z T I C S H E R Q G W W I D Y
K H X N O Q S N K H O G I E D D F B C M
Y F M A U G E B V Y E N A Z O C E X G I
L H R L P M H N A Y Y M G O U L B W A O
```

Paterson	Hastings	Laidlaw	Irvine	Parks
Logan	Dods	Chalmers	Townsend	Laney

Ireland Top Point Scorers

```
W F S J T O K J W X E D H O X L G H B Y
T O W N S H E M S O S I Z N Q L D K B Q
P I M T T L N K Y S M W C O P X G O E T
A Y E P Z H Y I E U Z I T T V M T O I U
U P Q T Z B Z E R H L Z C X R E K G H J
T X V Q Z Z Y R H Y K R T E O S I A F T
T C H Q N R L N P E E U N S D J E R I Y
W I Z J O W V A M P K U N E R R R A D I
P B V N T Q X N U P D J Q Y I D N J A Y
H P C T F W S Y H K V Z T I S E A A E C
H I O B E Q N L E T I O H D C I N C C Y
C B T B P O Z R J P R C D J O L Z K B C
L E D R J W F E L H Z G O V L L F S V I
R W G S R B K A L S G L B S L E B O W E
J N H E B O E H F W L U V M P B C N U G
K F Z I W E R D S V O B I H G P K J J M
O A F E S H W F Z O L O F D N M E V G N
E K Y F E F H N S U G L D V J A Y N Q H
U A P O S B W B G K Q R V R L C H T E X
H E V Y N N M P X E W C T B V V L N A G
```

OGara	Sexton	Humphreys	MKiernan	Elwood
ODriscoll	Campbell	Jackson	TKiernan	Bowe

Wales Top Point Scorers

```
I H P S N D R N F V E X U R B N G R D Z
E H C X Z N G L U G D V C Z A W Y Z A A
H Y J C H K Q H H T H V V B L G K N X L
J P I Z L R G I K H E R P S I B Y Z C Q
L P S E Y R F X W O G O S H D A A V G E
J L R F A X S G H M O T O L B I H F S K
X E T D E V Z H B A J J R G N I J W L X
U J Z P B B F G A S C X I J D N G N S I
V T D L K F F D G L W J V H M H M G M O
J Q F N H S Z E X H F F C G F H F W A I
Z S O S I S R B P P G P I G T L F I I R
C E B B V N Z U A D O E E Y P Q L Y L T
S N S Z F I K I C F A O J N U A O U L O
F O W K T K D D A S E T K R N Y V U I X
S J C K K N C Y B N N G H Q W Y D D W A
M N A K R E I A C A N H C O D A D Q C N
M U G V Q J A D E Q D Q L V M W H G D O
G A Q P T H O R B U R N O I Z A X X H R
H O O K K F D H G Z M B K A B S S M F T
M E P A Z O I L M B G E Q B V N J Y V H
```

Jenkins   Jones   Halfpenny   Hook   Biggar

Thorburn   Williams   AThomas   GThomas   North

Lions Top Point Scorers

```
W  I  L  K  I  N  S  O  N  T  M  J  C  T  L  Z  L  N  E  V
O  U  F  W  Z  R  P  I  Y  Q  C  C  A  N  P  H  M  Y  J  V
E  J  V  R  D  X  G  L  G  E  R  J  E  Z  L  V  J  I  E  B
W  F  O  D  W  G  J  X  T  G  W  B  K  P  L  P  E  I  N  A
T  B  A  H  O  K  A  H  P  Q  H  N  Y  Q  E  T  G  R  K  N
I  E  X  L  N  A  X  A  D  H  Z  L  O  S  R  R  P  H  I  J
C  N  N  A  I  J  N  S  T  E  O  R  Q  A  R  D  U  T  N  Z
D  N  T  I  M  O  C  T  Y  X  Y  M  W  U  A  H  L  P  S  Q
E  E  N  R  Y  E  S  I  Y  V  S  C  M  N  F  I  D  Z  C  V
W  T  O  B  Z  T  M  N  G  W  W  J  P  Q  O  W  X  S  G  D
T  T  S  B  V  E  O  G  Z  Q  V  R  Z  N  E  W  Q  C  K  M
T  X  L  J  K  F  O  S  M  Y  Y  S  X  M  X  D  O  D  S  B
K  F  I  U  G  M  V  R  I  Z  N  H  V  S  D  V  Y  K  M  B
I  B  W  Y  Y  T  X  S  T  R  N  U  T  H  X  P  Z  O  R  K
E  F  P  Z  U  R  F  E  O  T  E  J  W  Q  U  U  Q  L  G  K
R  T  K  D  A  H  N  N  B  Q  P  A  C  O  V  B  O  Z  G  Z
N  P  S  V  F  H  P  O  U  C  F  Q  V  F  X  L  J  W  X  W
A  U  A  I  O  P  F  J  S  U  L  F  B  L  X  Z  H  S  O  I
N  K  I  U  N  F  E  S  Q  C  A  X  T  D  S  B  U  F  F  U
J  X  W  N  E  C  N  B  W  T  H  X  J  C  U  H  F  D  M  Z
```

Wilkinson	Hastings	SJones	Halfpenny	Bennett
Jenkins	TKiernan	Farrell	Wilson	John

82

Printed in Great Britain
by Amazon